Delphine Gilles Cotte

MONTESSORI
à la maison

80 jeux pédagogiques à réaliser soi-même

SOMMAIRE

Avant-propos 4
Introduction 8
Les grands principes de la pédagogie Montessori .. 9
Comment créer un espace Montessori
dans sa maison ou dans sa classe 13

Comment réaliser une malle pédagogique
Montessori 14
Comment lire ce livre 15

p16 Exercices PRÉLIMINAIRES

« Ma petite maison » 18
Apprendre à porter des plateaux 20
Le plateau pour boire en libre-service 22
Apprendre à réparer « sa bêtise » 24
La ligne blanche 26
Les « bonnes manières » 28
Peintures libres et exposition des œuvres 30

p64 Verser & TRANSVASER

Verser de l'eau avec une carafe 66
Verser avec deux carafes 68
Transvaser d'un bol à l'autre 70
Transvaser avec une pince 72
La bassine d'eau 74
Le mini bac à sable 76
Les seringues 78
Transfert d'eau avec une éponge 80
Le compte-gouttes 82

p32 Vie PRATIQUE

Les cadres d'habillage 34
Mettre la table 36
Plier des serviettes 38
La boîte à bouteilles 40
La boîte à boîtes 42
La bouteille à élastiques 44
Le tableau à bigoudis 46
Les cadenas/Détacher - Rattacher 48
Le moulin à café 50
Le cœur d'amour 52
La bassine à lessive 54
Le plateau de découpage 56
Éplucher, découper, casser ou presser 58
Tailler les crayons 60
Le poinçonnage 62

p84 À la découverte DES SENS

La boîte de sachets de tissus 86
Les boîtes à sons 88
Le jeu des odeurs 90
Le jeu du goût 92
Les planches lisses et rugueuses 94
Les tablettes rugueuses 96
La boîte à toucher « mystérieuse » 98
Le sac à mystère 100
Le tube de perles 102
Le maquillage imaginaire 104
La pâte à sel 106
Parcours sensoriel pieds nus 108
Mister Apple Crumb 110
La maison de poupée 112

p114 Le TRI

La tour rose	116
Les barres bleues	118
Les poupées russes	120
La tirelire à bouchons	122
Le sel	124
Les perles	126
Le jeu des chaussettes	128
Le sac à « Bouzou »	130
La boîte à boutons	132
« Coule ou flotte »	134
« Le vivant et le non vivant »	136
« Gratte – Doux »	138

p154 Les COULEURS

La table d'exposition des couleurs	156
Le collage par couleur	158
Trier des couleurs avec les feutres	160
La boîte de nuances	162
Le tri de boutons	164
Les trésors de couleurs	166
Manger de la couleur !	168
Le jeu de morpion	170

p140 Les PINCES

La boîte pince-noix	142
Le pince-châtaignes	144
Les pinces à linge	146
L'étendoir à linge	148
Le coquelicot	150
« L'aimant magique »	152

p172 Les activités AU JARDIN

Mon jardin potager	174
La germination de lentilles	176
Planter des plants	178
Fabriquer un épouvantail	180
L'hôtel à insectes	182
Les pots de senteur	186
La fresque murale de la forêt	188
La chasse au trésor	190

Remerciements	192
Bibliographie	192

Tous droits réservés. Il est formellement interdit de reproduire intégralement ou partiellement le présent ouvrage sans l'autorisation de l'éditeur et du centre français de l'exploitation du droit de copie.

Le Code de la propriété intellectuelle du 1er juillet 1992 interdit en effet expressément la photocopie à usage collectif sans autorisation des ayants droit. Or, cette pratique s'est généralisée notamment dans les établissements d'enseignement, provoquant une baisse brutale des achats de livres, au point que la possibilité même pour les auteurs de créer des œuvres nouvelles et de les faire éditer correctement est aujourd'hui menacée. En application de la loi du 11 mars 1957, il est interdit de reproduire intégralement ou partiellement le présent ouvrage, sur quelque support que ce soit, sans autorisation de l'éditeur ou du Centre français d'exploitation du droit de copie, 20, rue des Grands-Augustins, 75006 Paris.

Éditions Eyrolles
61, bd Saint-Germain
75240 Paris Cedex 05
www.editions-eyrolles.com

© Groupe Eyrolles, 2014
ISBN : 978-2-212-55962-0

Crédits photographiques :
Jean-Paul Francesch
et Atelier Les Fées coccinelles,
sauf : p. 187 © Shutterstock
et couverture © Nicolas Gilles Cotte
Illustrations :
Séverine Cordier
Conception graphique :
Julie Charvet pour Jaune Citron
www.jaunecitronkids.com

AVANT-PROPOS

Vous trouverez dans ce livre comment fabriquer du matériel d'inspiration Montessori et présenter les activités aux enfants. Les enfants ont fondamentalement besoin d'être encouragés et accompagnés d'une façon bienveillante dans leur apprentissage. La pédagogie Montessori, accessible à tous, y contribue énormément.

Après avoir suivi une formation Montessori, j'ai mis en place des ateliers à la maison avec mes enfants et dans la classe spécialisée (CLIS) dans laquelle je travaillais. Aujourd'hui, j'ai créé un atelier, « Les Fées Coccinelles », un lieu d'accueil ouvert à tous les enfants, sans distinction.

À partir de 2 ans, ils peuvent manipuler un matériel sensoriel dans un univers coloré et libre d'exploration, ce qui leur permettra d'apprendre et de grandir. C'est également un espace d'échanges et de formation pour adultes.

C'est en m'inspirant de livres, de mes recherches et surtout en observant tous les jours les enfants que j'ai commencé à retranscrire, point par point, les jeux d'inspiration Montessori que j'ai fabriqués et utilisés avec eux et que vous retrouverez dans cet ouvrage. Mon premier objectif fut d'une part de respecter la pédagogie de Maria Montessori et d'autre part d'adapter le matériel pour le rendre accessible, facile à fabriquer et à utiliser au quotidien.

> *Encore du Montessori, encore...*
> Clémence, 2 ans

Ce livre est destiné à tous :
- **aux parents** qui veulent partager avec leurs enfants d'autres jeux.
- **aux assistantes maternelles** qui ont envie d'apporter aux enfants dont elles ont la garde autre chose que des jeux bruyants, bariolés... Des jeux fabriqués ensemble, avec petits et grands.
- **aux enseignants** qui souhaitent varier les jeux dans leur classe pour développer les sens, la concentration et la confiance en soi.
- **aux enfants « exceptionnels »** qui ont besoin d'être mis en valeur. Ce matériel y contribue pleinement.
- **aux personnes âgées ou malades** qui ont besoin, elles aussi, de stimulations... Vous constaterez, à travers mes mots, que je suis habitée et passionnée par cette pédagogie. Quand vous aurez commencé à vous informer et à mettre en place ces activités,

> *Lorsque nous comprendrons tout ce que l'enfant acquiert par-lui même, nous saurons mieux ce que peut devenir l'homme.*
> Maria Montessori

vous ne pourrez plus « faire » et « dire » comme avant. Pour aller plus loin, vous pourrez vous procurer les livres cités dans la bibliographie ou vous tourner vers des formations Montessori, auprès de l'A.M.I. (Association Montessori Internationale).

Elles ont testé... et elles approuvent

Régine, Aude et Cécile sont enseignantes en maternelle.
Elles utilisent le matériel dans leur classe et en soutien :
Les ateliers Montessori ont aidé les enfants qui manquaient de confiance en eux : ils leur ont permis de rentrer dans les apprentissages. Beaucoup d'explorations, d'expérimentations qui s'autovalident. Les beaux objets (objets usuels, vaisselle, outils, objets précieux...) ont une autre dimension que ceux utilisés d'habitude à l'école. Ce sont des objets d'adultes qui valorisent les enfants. Le choix, très important, permet à chacun de trouver ce qui lui convient,

ce qui correspond à ses besoins. Pour nous, enseignantes, les ateliers Montessori nous ont permis de revenir à la manipulation et à l'exploration, de prendre le temps de faire le travail d'imprégnation. Les ateliers donnent davantage d'autonomie : chacun est responsable de sa tâche « d'un bout à l'autre » et les autres enfants rappellent les règles à ceux qui ne jouent pas le « jeu ». On a pu constater une entraide plus importante dans les classes. Les ateliers donnent le droit aux enfants d'observer ou de ne rien faire sans y prendre part. Le matériel induit la règle, et peut créer la

frustration (place déjà prise...). C'est l'enfant qui gère ses apprentissages et non l'adulte. Enfin, on constate de nets progrès dans la motricité fine. »

Sophie, assistante maternelle et maman de deux garçons, a suivi une initiation à la pédagogie Montessori et l'applique chez elle : *J'ai poussé ma réflexion quant à l'accompagnement des enfants lors de certaines scènes de frustration à la maison ou lors d'activités et j'arrive à mieux comprendre et à anticiper leur moment d'attention et leur « fatigue », aussi bien dans leurs activités*

> *Il ne suffit pas à la maîtresse d'aimer l'enfant. Elle doit d'abord aimer et comprendre l'univers.*
> Maria Montessori

libres que dans celles mises en place avec eux. Cela est valable aussi avec mes propres garçons plus grands (8 et 11 ans) dans notre quotidien. J'ai le sentiment d'être moins en attente « pour moi » d'un résultat et plus en observation. Lucie, qui m'accompagnait pendant les séances, fait souvent référence au fait de « réparer » les petits tracas du quotidien : livre déchiré, verre d'eau renversé... Elle range maintenant aussi systématiquement les jeux, livres ou autres qu'elle manipule. Souvent, elle m'aide à mettre la table ou à préparer le repas, les activités... Cela a d'ailleurs posé un « problème » avec ses parents car elle était devenue pour eux « hyperactive » et souvent en colère, alors qu'après discussion, ils ont compris que c'était seulement de l'ennui et une

envie de faire les choses avec eux... Nous refaisons régulièrement des activités de « verser, transvaser, classer, toucher » et d'une façon générale, j'essaie au quotidien de laisser tout mon petit monde autonome, cela est étrange à écrire mais il est vrai qu'après analyse, nous sommes souvent en train de faire à la place de... À méditer...

Martine est enseignante en petite et moyenne sections :
Cela fait des années que j'ai mis en place quelques pratiques Montessori dans ma classe, mais pas au début, en ateliers libres... Et puis un jour, suite à un colloque AGEEM où des collègues présentaient leurs travaux, j'ai eu envie de mettre en place des ateliers libres et autonomes (surtout d'habileté manuelle, un peu de géométrie, de numération...) à certains moments de la journée (à l'accueil, en temps calme de début d'après-midi, lorsqu'un travail était achevé,

parfois aussi lors d'un atelier de travail...). J'ai acheté de petits meubles plastiques à tiroirs en grande surface et, dans chaque tiroir, j'ai installé un atelier. Je présente les nouveaux ateliers à mes élèves, en leur expliquant, tout en faisant devant eux, le but de l'exercice, « les cadres de la réussite », jusqu'au rangement. Puis, ils agissent... Lors de ces moments, je trouve mes élèves calmes et surtout très concentrés sur leur tâche. Parfois, avant une séance collective, je demande à un enfant de présenter un atelier qu'il aime, en utilisant le vocabulaire adéquat de matériel, d'actions... À l'issue de certaines séances, je mets en place un temps de parole-partage où les enfants peuvent soit expliquer ce qu'ils ont fait, soit ce qu'ils ont préféré, soit ce qu'ils ont trouvé compliqué... Cette nouveauté, cette variété ont enchanté mes élèves. Les activités de « transvasement et verser » sont souvent les plus prisées et aussi les plus apaisantes.

Coaching avant de commencer

Le matériel de Maria Montessori que je vous présente dans ce livre est très facile à réaliser. J'ai utilisé au maximum des fournitures de récupération : carton, papier, chutes de bois et de tissus... Au fil du temps, c'est même devenu un challenge : fabriquer en achetant au minimum. Nous avons tous, à la maison, des trésors inutilisés. Par ailleurs, n'hésitez pas à solliciter les talents de votre entourage et à inciter les enfants à s'investir dans la fabrication des jeux. Vous pouvez aussi vous promener dans les vide-greniers : on trouve beaucoup d'objets à bas prix.

Dans de grandes enseignes, en expliquant mon projet de fabriquer des jeux pour les enfants, j'ai encore l'habitude de demander du carton, des boîtes, des plateaux, des rouleaux de tapisserie… La plupart du temps, mes interlocuteurs sont généreux.

Vous serez très fier de présenter un matériel que vous aurez fabriqué vous-même et les enfants l'aimeront et le respecteront d'autant plus. J'attache beaucoup d'importance à ce que le matériel soit « beau » et « soigné ». Vous l'aimez, les enfants l'aimeront.

Après avoir lu cet ouvrage, vous n'allez pas savoir par quoi commencer ! Alors, choisissez un jeu qui vous inspire, un coup de cœur. Pour moi, c'était la boîte à boutons qui me rappelait ceux de ma grand-mère, qu'elle s'appliquait à trier par couleurs dans de petites enveloppes…

Une fois que vous aurez commencé à vous investir, à connaître le matériel et surtout à vous imprégner de la philosophie de Maria Montessori, vous pourrez inventer de nouveaux jeux. Fabriquez du matériel selon l'âge et les besoins de vos enfants, ne tenez pas compte que ce soit une fille ou un garçon, il n'y a pas de matériel spécifique garçon ou fille. Par exemple, l'étendage à linge a énormément de succès chez les garçons quand je l'apporte dans des classes de maternelle.

Quelques conseils supplémentaires

Il est préférable de se motiver à plusieurs pour fabriquer le matériel afin de créer des échanges, des partages… Si vous souhaitez fabriquer un matériel qui demande de la précision et des découpes, vous pouvez vous adresser à des FAB LAB (abréviation de Fabrication Laboratory).

Ce sont des espaces ouverts au public, équipés de machines permettant de réaliser, découper, assembler toutes sortes d'objets. Ils sont ouverts à tous (tarifs très bas, voire gratuité d'accès pour certains utilisateurs) de manière à faciliter les rencontres. Vous pouvez rechercher sur internet le FAB LAB le plus proche de chez vous. N'hésitez pas non plus à faire les brocantes, ou à aller chez Emmaüs, vous trouverez sans doute des trésors !

Vous trouverez enfin la plupart du matériel dans les enseignes de bricolage. Alors, osez être créatif et bonne fabrication !

Mise en garde

Le matériel étant de fabrication « maison », il n'est pas soumis aux normes de sécurité. Il est donc nécessaire d'être vigilant et présent lors des manipulations, notamment celle des jeux comprenant de petites pièces. Bien que décrivant dans ce livre la fabrication du matériel, je n'engage aucune responsabilité dans une mauvaise utilisation qui en serait faite.

L'auteur et créateur du matériel garde la propriété intellectuelle des jeux présentés dans le livre. Le matériel ne peut donc pas être fabriqué sans autorisation à des fins industrielles.

INTRODUCTION
Maria Montessori, une femme admirable...

Maria Montessori, née en 1870 à Chiaravalle en Italie, est élevée avec des règles de discipline très strictes, bien que sa mère, très proche d'elle, respecte sa liberté. Elle devient à 26 ans l'une des premières femmes diplômées de médecine en Italie. En poste à la clinique psychiatrique de l'université de Rome, elle s'occupe d'enfants considérés comme « retardés » et découvre qu'ils n'ont aucun jeu à leur disposition, alors qu'ils ont besoin d'action pour progresser. Parallèlement, elle découvre les recherches de Jean Itard (1774-1838) et d'Édouard Séguin (1812-1880), pédagogue français auprès d'enfants « idiots ». À partir de 1900, elle décide de se consacrer à la pédagogie.

Maria intervient au congrès de pédagogie de Turin en 1899 : Guido Bacceli, ministre de l'Éducation, lui demande de faire des conférences à Rome peu après. Elle dit alors, en parlant des enfants dits « retardés » : « J'eus l'intuition que le problème de ces déficients était moins d'ordre médical que pédagogique... Je faisais un rapport d'éducation morale. » Peu de temps après, elle crée une école d'orthophrénie où elle forme des enseignants. Elle leur fait prendre conscience de l'importance de l'observation : « observer et non juger ». Elle participe à de nombreux congrès à Rome, puis à Paris et continue de travailler avec des enfants déficients auxquels elle apprend à lire, à écrire et à qui elle fait passer des examens (avec succès) en même temps qu'aux enfants « normaux ».

Le tournant de sa vie intervient en 1906 lorsqu'elle s'occupe d'enfants d'âge préscolaire, pour lesquels elle crée sa méthode pédagogique. En 1907 est fondée la première « Maison des enfants » (*Casa dei bambini*) dans un quartier populaire de Rome. Cette maison devient une base de recherche, un laboratoire d'expérimentation où Maria Montessori construit et éprouve sa méthode.

Elle organise des cours internationaux à partir de 1913. De nombreuses associations et organisations caritatives lui demandent de créer des maisons d'enfants. Elle multiplie les voyages pour effectuer des conférences, organiser des stages de formation pédagogique, et créer des écoles. De 1921 à 1931, elle participe aux échanges de la Ligue internationale pour l'éducation nouvelle et présente ses travaux lors de congrès où elle rencontre les autres grands pédagogues de ce mouvement tels que Adolphe Ferrière, John Dewey et Roger Cousinet.

En 1929, elle fonde l'Association Montessori Internationale dont les objectifs sont de préserver, propager et promouvoir les principes pédagogiques et pratiques qu'elle a formulés pour le plein développement de l'être humain.

Après son décès aux Pays-Bas en 1952, son fils poursuit son œuvre jusqu'à sa mort en 1982.

Aujourd'hui, il y a plus de 22 000 écoles Montessori sur six continents.

LES GRANDS PRINCIPES
DE LA PÉDAGOGIE MONTESSORI

Chaque enfant est unique

> *Avant d'être assez forts pour lutter, tous les êtres ont été faibles.*
> Maria Montessori

Maria Montessori observa que l'enfant de 0 à 6 ans est doté d'un « esprit absorbant » qui lui permet de capter les impressions perçues dans son environnement telle une éponge qui absorbe l'eau. Il absorbe sans distinction du bien ou du mal.

Selon Maria Montessori, chaque enfant est unique. Il a sa personnalité propre, son rythme de vie, ses qualités et ses difficultés éventuelles. Les enfants traversent tous des « périodes sensibles ». Il s'agit de sensibilités spéciales en voie d'évolution, des moments de la vie de l'enfant où celui-ci est tout entier « absorbé » par une sensibilité particulière à un élément précis.

Ces périodes passagères se limitent à l'acquisition d'un caractère déterminé ; une fois le caractère développé, la « sensibilité » cesse. Il est donc primordial que l'environnement offre au bon moment à l'enfant les moyens de se développer en utilisant ces périodes sensibles, qui sont les suivantes :

- la période sensible du langage, plus ou moins entre 2 mois et 6 ans : l'enfant nomme les concepts ;
- la période sensible de la coordination des mouvements, environ de 18 mois à 4 ans : l'enfant affine l'usage de ses mains ;
- la période sensible de l'ordre, environ de la naissance à 6 ans : l'enfant classifie, ordonne, trie, élabore un raisonnement ;
- la période sensible du raffinement des sens, environ de 18 mois à 5 ans ;
- la période sensible du comportement social, environ de 2 ans et demi à 6 ans ;
- la période sensible des petits objets, au cours de la 2e année sur un temps très court.

Si nous, adultes, croyons que ces périodes sensibles sont réelles, nous avons donc pleinement conscience que nous ne devons pas planifier le développement de l'enfant. La nature a déjà son propre plan. Il faut juste assurer un environnement qui respecte ces périodes sensibles. Cet environnement doit être :

- sécurisant et sécurisé,
- serein,
- riche de possibilités d'explorations,
- adapté aux besoins de chaque période,
- respectueux de l'ordre,
- garant de la liberté d'action de l'enfant.

La liberté et la discipline

J'entends souvent : « Montessori, c'est la pédagogie où les enfants sont libres de faire ce qu'ils veulent… ». Ce sont des propos un peu raccourcis et faux. La pédagogie Montessori est basée sur des principes régis par des « règles ».
Les concepts de « discipline » et de « liberté », selon Maria Montessori, sont totalement différents mais complémentaires. Pour elle, ce sont les deux faces d'une même médaille. Si une partie de la pièce disparaît, elle n'a plus de valeur. Il est donc impossible de séparer la discipline et la liberté. Par exemple, dans une classe Montessori :

- L'enfant est libre d'aller chercher un matériel, de l'utiliser autant de temps qu'il le souhaite, de le reprendre autant de fois qu'il en a besoin mais il doit le ranger à sa place quand il a fini de l'utiliser.
- L'enfant est libre de travailler ou de ne pas travailler, à condition qu'il respecte le travail des autres.
- L'enfant peut boire et manger à son gré, mais seulement sa part.
- L'enfant peut parler mais en respectant et en écoutant les autres…

L'enfant a besoin de certaines libertés adaptées à son âge et à ses capacités mais aussi d'un cadre lui permettant de se sentir en sécurité.

> *L'homme s'appartient à lui-même, il faut qu'il s'incarne avec sa propre volonté.*
> Maria Montessori

L'importance de l'ordre

L'ordre fait partie des périodes sensibles chez l'enfant entre 2 et 4 ans. Il est impératif de lui offrir un lieu ordonné afin qu'il puisse retrouver chaque objet et chaque jeu à une place définie. Cela favorise son autonomie. Je vous conseille de bannir les grands coffres de jeux, où tout semble rangé mais à l'intérieur desquels c'est le « bazar ». Si l'on trouve le puzzle mélangé aux cubes, aux poupées, à la dinette… cela ne donne aucunement envie de jouer !
Les adultes sont un exemple pour les enfants ; nous devons leur montrer que nous aussi nous rangeons les courses, nous sortons et pendons

nos vestes au porte-manteau, nous avons des rangements pour les assiettes, les verres, les couverts... L'enfant ne naît pas avec le gène du désordre, nous pouvons petit à petit l'initier au goût de l'ordre. Si vous lui montrez comment et où ranger, il prendra l'habitude de le faire seul, même si au début il aura besoin d'être sollicité et accompagné. Vous lui expliquerez qu'il peut choisir un jeu, le manipuler le temps qui lui est nécessaire puis, qu'il doit le ranger et le remettre à sa place. Les jeux Montessori sont présentés généralement dans de petites panières ou sur des plateaux. J'utilise aussi des boîtes avec une photo du jeu collée sur l'avant de la boîte.

> *La peur est une autre déviation que l'on a coutume de considérer comme un caractère naturel de l'enfant.*
> Maria Montessori

« Apprends-moi à faire seul »

Cette phrase définit parfaitement la pédagogie de Maria Montessori. Il s'agit, en effet, d'une philosophie au quotidien, d'une façon de percevoir l'enfant et de l'accompagner avec bienveillance à chaque moment de son développement.
Laissez-lui la possibilité d'apprendre à faire seul, selon son âge et ses compétences.
Tous les enfants, même à âge égal, sont différents. Il est toujours bon d'éviter de faire des comparaisons entre les enfants, que ce soit dans une classe ou au sein d'une fratrie. Pour cela, vous devez permettre à l'enfant d'effectuer des tâches seul, sous votre surveillance, après lui avoir fait une démonstration, avoir sécurisé et adapté le lieu et l'activité.
Favoriser et développer l'autonomie passe par :

- Apprendre à se laver les mains seul, avec un marchepied...

> *Montessori, j'aime tout parce que c'est moi qui choisis !*
> Angèle, 4 ans

- Savoir porter un plateau car la plupart du matériel est présentée sur un plateau.
- Se servir à boire et pour cela laisser à sa portée un plateau avec une petite carafe d'eau et un verre « un vrai, en verre ».
- Se couper une part de gâteau avec un couteau ou préparer une salade de fruits (sous votre surveillance).
- Réaliser une recette.
- Apprendre à réparer « sa bêtise ».
- S'habiller et se déshabiller seul : vous pouvez mettre à sa portée chaussures, vêtements, panier à chaussettes... et, pour les vestes et les manteaux, des patères à sa hauteur pour qu'il puisse les suspendre seul.
- Préparer un bouquet pour rendre un lieu plus agréable.
- Installer une belle table en lui donnant la possibilité d'y rajouter des fleurs, des bougies, une nappe...

Le plus dur c'est d'« apprendre à faire confiance aux enfants ».

Le rôle de l'adulte pendant l'activité

> *L'éducation ne peut être efficace si elle n'aide pas l'enfant à s'ouvrir lui-même à la vie.*
> Maria Montessori

L'adulte n'intervient que si cela est nécessaire, après une observation attentive de l'enfant et de l'ambiance. La présentation du matériel se fait dans la mesure du possible individuellement.

L'adulte accompagne l'enfant avec bienveillance et discrétion dans ses besoins de développement. Vous devez privilégier une attitude en observation et éviter de donner des conseils ou des ordres.

L'adulte aide au mieux l'enfant à développer son attention et sa concentration et à devenir autonome.

L'adulte est un modèle pour l'enfant, même s'il a le droit de ne pas être « parfait » et de reconnaître ses erreurs ou ses faiblesses. L'adulte n'est pas un être supérieur, il doit le respect à l'enfant et l'enfant doit le respect à l'adulte.

L'adulte mène une action discrète, mesurée et respectueuse. Il guide l'enfant dans ses apprentissages en fonction de ses capacités, son âge, sa maturité et son évolution. Lorsque l'enfant est en activité, l'adulte n'intervient pas pour donner son avis, féliciter ou corriger. L'enfant joue et apprend pour lui-même et fait au mieux de ses possibilités.

Comment présenter une activité ?

Présenter une activité revient à décortiquer chaque action afin de permettre à l'enfant de la connaître et de la réaliser en confiance et en toute sécurité. Prenez l'habitude de tout présenter : se laver les mains, se servir à boire, s'habiller, ranger, porter un plateau... Autant de gestes du quotidien qui ne sont pas innés.

Pour présenter une activité :
- Choisissez un endroit et un moment pour vous et pour l'enfant, sereins et calmes.

> *N'aidez jamais un enfant dans une tâche qu'il pense être capable d'accomplir.*
> Maria Montessori

- Proposez de vous installer sur un tapis ou sur une petite table adaptée à sa hauteur.
- Présentez l'activité avec très peu de mots et privilégiez les gestes lents. Prenez le temps nécessaire sans oublier les mesures de sécurité.
- Une fois que l'enfant connaît le matériel, il peut l'utiliser autant de temps qu'il le souhaite ou qu'il en a besoin.
- N'intervenez que s'il vous sollicite. Prenez le temps de l'observer, c'est passionnant ! Il se passe beaucoup de belles choses à tout moment.
- S'il fait tomber de l'eau, des graines... mettez à sa disposition une petite éponge, un balai, des serviettes... pour qu'il puisse réparer seul ou avec votre aide.
- Enfin, lorsque qu'il a terminé, l'enfant doit ranger le matériel, généralement présenté sur un plateau. Il pourra reprendre l'activité dès qu'il le souhaite.

Il est très important que vous connaissiez bien l'utilisation du matériel pour éviter les hésitations, gestes ou mots parasites qui pourraient fausser la bonne application de l'activité. Vous devez pour cela, au préalable, vous entraîner seul ou de préférence avec un autre adulte.

COMMENT CRÉER UN ESPACE MONTESSORI
DANS SA MAISON OU DANS SA CLASSE ?

Voici les premières questions à se poser :

- À qui est destiné le matériel ? Différents enfants, différents âges ?
- À quel endroit le matériel peut-il être rangé pour être trouvé et utilisé facilement par les enfants ?
- Quel matériel, en fonction des besoins des enfants, allez-vous fabriquer et installer ?

Si vous avez des enfants entre 11 et 18 mois, privilégiez du matériel en libre-service mais sans danger, même si votre présence est obligatoire. Proposez un espace de jeu sur un tapis que vous pouvez dérouler à un endroit de votre choix, pour le moment du jeu, et ranger lorsque c'est fini. Vous pouvez avoir de petites panières contenant un jeu. Il n'est pas nécessaire de multiplier les activités.

Au début, donnez le choix aux enfants entre trois panières de jeux, tels que la tirelire à bouchons (p. 122), les boîtes à boutons (p. 132) et la boîte à boîtes (p. 42), par exemple. Lorsque les enfants ont environ 2 ans, proposez-leur d'autres jeux, selon leurs centres d'intérêt, pour développer leurs sens, leur agilité et leur autonomie tels que les verser, les jeux des sens...

Dans votre espace dédié aux activités Montessori, il vous faut un petit meuble à étagères, bas et solide, auquel les enfants puissent avoir facilement accès. L'espace ne doit pas être un frein à votre envie d'avoir du matériel Montessori, que ce soit à la maison ou dans une classe. Un coin de rangement sous un escalier, dans une chambre ou dans l'entrée... fera très bien l'affaire.

Si vous ne souhaitez pas que les enfants aient toujours accès au matériel – c'est parfois le cas des assistantes maternelles qui accueillent des enfants d'âges divers –, je vous conseille d'utiliser un meuble à étagères et de rajouter en haut une barre et un rideau. Lorsque le rideau est ouvert, les enfants peuvent se servir du matériel, lorsque le rideau est fermé, c'est fini !

J'ai vu, dans des classes de maternelle, des enseignants qui s'étaient équipés de meubles à tiroirs en pastique, de 6 à 8 tiroirs par meuble. Si vous souhaitez proposer une activité par enfant, il vous en faudra plusieurs à superposer. Dans chaque tiroir, une activité est présente et préparée, avec tout le nécessaire pour réaliser le jeu. Sur le devant des tiroirs, collez la photo du jeu pour aider l'enfant à faire son choix. L'enfant emporte un tiroir complet et s'installe à sa place : soit sur un bureau, soit sur un petit tapis. Il réa-

lise l'activité et, une fois qu'il a terminé, il range son tiroir dans le meuble.
À vous de décider à quel moment les enfants peuvent utiliser les tiroirs : au moment de l'accueil, lorsqu'ils ont fini leurs activités de classe, en soutien, pendant le temps de sieste pour ceux qui ne la font pas...

Le matériel peut évoluer graduellement selon ce que vous allez observer pour chaque enfant. Certains auront besoin d'effectuer des verser pendant une longue période, d'autres seront passés à d'autres expérimentations.

L'utilisation du matériel Montessori n'est pas régie par un programme à respecter. Chaque enfant est différent et avance à son rythme.
Avant tout, ce matériel est un plaisir et doit le rester.

COMMENT RÉALISER UNE MALLE PÉDAGOGIQUE MONTESSORI ?

Une malle est pratique pour contenir le matériel, elle peut voyager de maison en maison, de classe en classe ou, tout simplement, être à part entière une malle de jeux dans la maison, si vous n'avez pas la place ou le lieu nécessaires pour ranger le matériel.
Elle peut être à l'initiative d'un projet commun permettant l'échange, le partage, l'enrichissement, la construction, la réflexion...
Pour l'avoir vécu dans des structures de relais d'assistantes maternelles et des écoles, je trouve qu'un tel projet est générateur d'énergie, de liens et d'un enthousiasme communiquant. Pour mettre en place une malle, il faut :
• Réunir des personnes intéressées par le projet, qui connaissent les objectifs, le matériel et la philosophie Montessori, ou tout simplement qui ont l'envie d'apprendre et de découvrir.

- Une malle avec son couvercle. Privilégiez celles qui ont des roulettes, faciles à transporter, ou, pourquoi pas, une valise que vous pourrez décorer : elle invitera au rêve ceux qui l'ouvrent...
- Décider ensemble de ce que chacun souhaite trouver dans la malle : les 5 sens, les plateaux de verser...
- Demander à chacun de réunir et de récupérer un maximum de boîtes, pinces, bols, bouteilles, noix, tissus, plateaux... tout ce qui peut servir à fabriquer du matériel.
- Cette malle peut aussi contenir des livres de Maria Montessori et d'autres ouvrages sur le sujet. Le temps de la fabrication est venu, prévoyez une matinée ou plusieurs soirées pour constituer les jeux. Les talents de chacun seront sollicités : couturier, bricoleur, menuisier... Dans un deuxième temps, lorsque la malle sera prête, il est important de réfléchir à l'élaboration d'un document permettant de décrire chaque jeu, d'indiquer les règles d'utilisation et comment ranger les jeux, le tout agrémenté de photos. Toute détérioration devra être réparée, dans la mesure du possible, pour que chacun retrouve une malle complète et agréable à utiliser.

Il reste enfin à l'équipe à définir l'utilisation de la malle et le temps où elle pourra être empruntée pour que ce soit équitable pour tout le monde. En général, prévoyez deux à trois semaines, plus ou moins selon le lieu.

Je vous invite, après une certaine période d'utilisation, à faire un bilan avec les utilisateurs de la malle pour en améliorer l'utilisation, en changer le contenu et l'ouvrir à d'autres utilisateurs...

COMMENT LIRE CE LIVRE ?

Les activités sont réparties en huit parties qui mettent en avant un aspect du développement de l'enfant. Grâce à ces ateliers, l'enfant se familiarisera avec des gestes de la vie quotidienne et gagnera en autonomie. Je vous propose des jeux pour porter les plateaux, apprendre à se servir à boire, réparer sa bêtise, respecter l'ordre. L'enfant ira aussi à la découverte de ses sens et développera ses capacités motrices à son rythme. Vous pourrez ensuite inventer des jeux pour aider les enfants à porter des objets plus ou moins lourds, comme notamment le jeu des déménageurs (que vous retrouverez dans la chasse aux trésors, p.190-191). Pour chaque atelier, j'ai inséré des astuces et des témoignages. Ceux-ci ont tout d'abord été recueillis auprès d'enfants : dans des relais d'assistantes maternelles, dans des écoles maternelles et élémentaires, dans des classes spécialisées ou encore dans mon atelier. S'y ajoutent des témoignages d'enseignants, d'assistantes maternelles, de parents et qui ont suivi la formation et fabriqué le matériel. Volontairement, je n'ai pas précisé le niveau d'âge des jeux car je considère que chaque enfant est différent et présente un intérêt, un développement et des particularités distincts.

EXERCICES **PRÉLIMINAIRES**

Les exercices qui vont suivre servent à *organiser l'ambiance, à vivre ensemble, dans un lieu agréable et ordonné.* Ils ont pour but de développer la coordination motrice, l'autonomie, la concentration et permettent de muscler les bras, les doigts, les poignées, notamment pour porter les plateaux.

> À trois ans,
> l'enfant a déjà posé les fondations de sa personnalité.
> Maria Montessori

« MA PETITE MAISON »

Ces tapis permettent de délimiter l'aire de jeu et de ne pas s'éparpiller dans la classe ou dans toute la maison. Les enfants aiment avoir leur espace.

Préparer le matériel

il vous faut
- Un morceau de moquette de 1 x 4 m
- Une pince à linge
- Des ciseaux
- Un seau

- Pour trouver des tapis peu coûteux, je vous conseille d'aller dans un magasin de bricolage et de demander un mètre de moquette rase, vendue souvent en 4 m. Coupez le morceau en 4, vous obtiendrez 4 tapis de 1 m^2 à petit prix.
- Roulez chaque tapis un par un et attachez-les avec une pince à linge.
- Placez-les dans un seau. Ils sont alors à la disposition des enfants.

« Les tables, ça ne me plaît pas, j'aime trop les tapis et me mettre dans un coin seul, tranquille. Des fois, je demande que quelqu'un vienne mais pas à l'improviste. »
Corentin, 7 ans

Les tapis dans la pédagogie Montessori

Dans les classes Montessori, **le tapis sert uniquement à déposer le matériel** choisi par l'enfant, ce dernier devant s'installer non pas sur mais autour du tapis. Les enfants apprennent à le rouler, le dérouler de façon très particulière et le ranger.

Pour une utilisation à la maison, de simples couvertures ou petits tapis sont suffisants. Les assistantes maternelles ayant utilisé les tapis apprécient beaucoup leur utilisation car **chaque enfant possède son espace et n'empiète pas sur l'activité de son voisin.** Cela permet de développer le respect des autres et favorise l'attention portée à chaque enfant.

Pour ma part, ayant travaillé dans des écoles avec des enfants qui sont souvent assis à un bureau, je leur propose beaucoup de travailler sur des tapis qui représentent leur espace, « leur petite maison ». Ils peuvent choisir de s'amuser seuls ou d'inviter d'autres enfants qui le souhaitent.

APPRENDRE À PORTER DES PLATEAUX

Le but de cet exercice est de développer l'équilibre, la force dans les bras et les mains, la confiance en soi, la faculté de prendre seul un matériel présenté sur plateau et de le ranger...

En quoi consiste cette activité ?

il vous faut

- Un plateau
- Des verres en plastique et en verre ou des pots en terre
- Une ficelle
- Du ruban adhésif

- Montrez à l'enfant comment porter un plateau vide en plaçant ses mains de chaque coté et au milieu du plateau. Laissez-lui la possibilité de s'entraîner dans la pièce ou même à l'extérieur.
- Une fois qu'il est à l'aise, ajoutez un objet sur le plateau : un bol, un verre... à transporter d'un point à un autre. Un peu comme le jeu des déménageurs.
- Installez ensuite sur le sol un cordon, maintenu avec le ruban adhésif. Il va symboliser un chemin à suivre avec le plateau.
- Par la suite, si l'enfant est un peu plus sûr de lui, proposez-lui de faire le parcours avec les yeux bandés.

Vous pouvez varier à l'infini les jeux avec un ou plusieurs récipients, vides ou pleins. Ce sont des activités qui peuvent être présentées et effectuées notamment dans la salle de motricité d'une école ou simplement dans un long couloir...

Comment vous procurer des plateaux ?

Pour vous équiper en plateaux, nécessaires pour plusieurs activités, vous n'êtes pas dans l'obligation d'utiliser des plateaux en bois qui sont souvent assez coûteux.
J'en trouve à très bas prix dans les vide-greniers ou les magasins de « bazar ». Privilégiez le plus possible des plateaux neutres.
Si vous êtes un peu bricoleur, vous pouvez les fabriquer vous-mêmes : un rectangle de contreplaqué d'épaisseur très fine et des morceaux de tasseaux pour le contour que vous pourrez coller avec un pistolet à colle.
Pour un jeu qui n'est pas très lourd, utilisez tout simplement un couvercle de boîte à chaussures.

EXERCICES PRÉLIMINAIRES

« L'atelier que je préfère, c'est celui où l'on marche sur une ficelle avec un plateau à la main. On finit les yeux fermés et on sent la ficelle sous les pieds. »
Alexandre, 6 ans grande section

LE PLATEAU POUR BOIRE EN LIBRE-SERVICE

C'est le premier plateau que j'ai mis en place après ma formation. Il permet aux enfants de se servir à boire quand ils le souhaitent et non plus quand on le leur propose. J'ai remarqué que les enfants se servent à boire beaucoup plus souvent.

Préparer le matériel

il vous faut
- Un plateau
- Autant de verres que vous avez d'enfants, chacun son verre
- Une petite carafe en verre

- Pour ce plateau, il est nécessaire de faire une démonstration pour éviter que le verre ne déborde. Vous pouvez utiliser le jeu pour apprendre à verser de l'eau à l'aide de niveaux (p. 66).
- Le plateau doit être situé dans un lieu accessible et visible par l'enfant et surtout toujours au même endroit pour qu'il puisse le trouver facilement lorsqu'il a besoin de boire.
- **Pour les plus petits,** avant qu'ils sachent verser l'eau avec une carafe, vous pouvez mettre sur le plateau une tasse avec un bec verseur, une pour chaque enfant.

EXERCICES PRÉLIMINAIRES

APPRENDRE À RÉPARER « SA BÊTISE »

Une bêtise, qui n'en est pas une puisque nous, adultes, quand nous cassons un verre, nous réparons sans forcément hausser la voix et sans nous punir...

Comment guider les enfants ?

il vous faut
- Un petit balai
- Une pelle
- Une balayette
- Un torchon
- Une éponge
- Une petite serpillière
- Un seau

Laissons la chance aux enfants de pouvoir réparer « leurs bêtises » en mettant à leur disposition de quoi réparer. Ainsi, ils auront plus confiance en eux et cela leur permettra d'apprendre que dans la vie on peut faire des erreurs – même les adultes en font – mais que l'on peut toujours trouver une solution pour réparer.

- Le matériel doit toujours être au même endroit, à la portée de l'enfant.

- Lorsqu'un enfant renverse son bol de lait alors que vous venez de passer la serpillière, pas de panique ! Respirez et proposez à l'enfant de réparer ensemble en utilisant une éponge. La prochaine fois, il pourra essayer de réparer seul.

EXERCICES PRÉLIMINAIRES

« Maman, j'ai renversé le bol d'eau du chat mais j'ai pris du papier essuie-tout et j'ai essuyé. Je ne te l'ai pas dit car j'ai pu réparer seul. »
Antonin, 6 ans

LA LIGNE BLANCHE

La ligne blanche est un cercle blanc qui aide l'enfant à développer son attention, sa concentration, la maîtrise de son corps, son sens de l'équilibre et sa confiance en lui. Pour Maria Montessori, elle fait le lien entre le corps et l'esprit.

Préparer le matériel

il vous faut
- Du ruban adhésif
- Une couverture, un drap ou un plaid…

- Sur la couverture, tracez une ellipse de la taille que vous voulez avec le ruban adhésif.
- Pour que l'enfant ait suffisamment de place, je conseille de dessiner une ellipse de 3 mètres de long sur 2 mètres de large.

À quoi sert la ligne blanche ?

Proposez à l'enfant de vous regarder et/ou de vous accompagner pour marcher sur la ligne blanche en petits pas simples, lentement...
Variez avec d'autres exercices : des pas de fourmis, d'éléphants, de tortues, de lapins, de grenouilles...
Proposez de porter un plateau avec deux mains, une main, avec deux verres, d'abord en plastique puis en verre, vides, puis remplis d'eau...
Vous pouvez jouer à désigner les différentes parties du corps : « Où sont : mon nez, mon dos, mon visage, mes genoux...? »
Il est également envisageable de se regrouper autour de la ligne blanche pour se raconter des histoires ou un événement...
Les enfants peuvent s'installer à l'intérieur ou à l'extérieur de la ligne blanche pour un moment de partage et d'échange.

EXERCICES PRÉLIMINAIRES

Ligne d'adhésif sur le tapis.

27

LES « BONNES MANIÈRES »

Le groupe est une petite société. Le respect mutuel de tous les individus est la condition d'une vie en groupe harmonieuse.

Apprendre le respect de l'autre

Le respect de l'autre, c'est un état d'esprit auquel on peut amener l'enfant :
- En le respectant lui-même dans tous ses vrais besoins.
- En lui faisant prendre conscience de sa propre existence.
- En lui apprenant à respecter les autres et leur espace.
- En lui donnant les moyens de se sentir en sécurité, indépendant et autonome.

C'est notre attitude naturelle et quotidienne qui peut amener l'enfant à cette compréhension des relations humaines. **L'adulte est le modèle de l'enfant.**
- Ces petits mots de politesse : Bonjour, merci, au revoir, s'il te plaît…
- Un peu de bienveillance : un sourire, partager, s'entraider…
- Tous ces mots ou ces attentions doivent avant tout être utilisés par l'adulte vis-à-vis des autres mais aussi vis-à-vis des enfants avant de souhaiter l'entendre dans leur langage courant.

En effet, nous oublions souvent de remercier les enfants de leurs actions. Cela nous parait naturel.
- Cela nous demande parfois, du moins au début, un effort tout particulier puis cela devient plus naturel. Même notre intonation de voix change, notre ton s'adoucit. C'est essentiel pour pouvoir espérer obtenir un retour de l'enfant.

Exemples : Au lieu de dire « Va me chercher la bouteille d'eau ! », « Ramasse mon stylo ! »… nous pourrions dire : « Pourrais-tu aller me chercher la bouteille d'eau ? Merci. » « Peux-tu m'aider à ramasser mon stylo, s'il te plaît ? » Et une fois l'action réalisée : « Merci de ton aide. »

L'exemple du goûter

J'aime organiser de petites collations le matin ou des goûters l'après-midi avec les enfants. **Chacun a son rôle, qui peut changer ou évoluer** en fonction de ses capacités et de ses envies. Un enfant va s'occuper de préparer le goûter : peler, découper les fruits, compter les parts de gâteaux selon le nombre d'enfants. Ensuite, ils se retrouvent tous autour de la table. L'un d'eux est chargé du service, il passe avec une assiette auprès de chaque enfant. Chacun se sert en le remerciant. Un ou deux autres sont chargés de débarrasser et de nettoyer. **Tous prennent très à cœur leur rôle** et, en disant « merci », nous reconnaissons et apprécions leur travail.

PEINTURES LIBRES ET EXPOSITION DES ŒUVRES

Les enfants aiment tout particulièrement peindre, avec un pinceau mais aussi avec les doigts. Leur laisser cette liberté permet de développer l'imaginaire et la créativité.

Préparer le matériel

il vous faut
- Un chevalet
- Un rouleau de papier à dérouler
- Des pots, type pots de compote en verre pour bébé
- 3 tubes de peinture
- 3 pinceaux
- Un tablier par enfant

- Montrez à l'enfant comment utiliser le matériel de peinture. Au début, vous pouvez utiliser 3 couleurs pour apprendre à l'enfant à replacer le pinceau dans la bonne couleur.

- Vous pourrez ensuite augmenter le nombre de pots de couleurs.

> « J'ai vu beaucoup de tableaux avec plein de petits points. »
> **Louise,** 4 ans,
> lors de la visite du Musée d'Orsay

Comment organiser l'activité ?

Vous pouvez disposer sur une petite table des affiches, des cartes ou des livres de reproductions d'œuvres de peintres pour permettre à l'enfant de s'en inspirer et de parfaire sa culture. Pour ma part, j'aime présenter aux enfants Kandinsky, Delaunay…
Exposez ensuite les œuvres sur un étendage, comme dans un musée. Vous pouvez en fabriquer un avec deux crochets, un fil et des pinces à linge. Les enfants aiment exposer leurs dessins et les montrer.
N'hésitez pas, même si vos enfants sont jeunes, à les emmener admirer des peintures ou des sculptures dans les musées. Ils ne percevront pas les « choses » comme vous, verront d'autres détails et, peu à peu, ils apprécieront et éveilleront leur esprit et leur créativité. Vous pouvez vous renseigner avant votre visite : certains lieux proposent des animations spéciales pour les enfants et même des journées gratuites, notamment le premier dimanche de chaque mois dans certains musées.

VIE PRATIQUE

La « vie pratique » est un ensemble d'activités qui permettent de réaliser des actions de la vie quotidienne, offrant à l'enfant la possibilité de *développer son autonomie*. En voici quelques-unes que vous pouvez facilement mettre en place chez vous.

> L'enfant est le constructeur de l'homme et il n'existe pas d'homme qui n'ait été formé par l'enfant qu'il était.
> Maria Montessori

LES CADRES D'HABILLAGE

Le matériel des cadres isole une difficulté que l'enfant rencontre dans ses actes quotidiens. Il alterne les gestes et les mécanismes d'ouverture et de fermeture, notamment pour les boutons.

Fabriquer le cadre

il vous faut

- 4 cadres en bois de 30 x 40 cm
- Une chemise d'enfant
- Des vêtements usagés avec une fermeture à glissière, des scratchs...
- Des lacets ou des rubans de différentes couleurs
- 16 clous tapissiers

- Il s'agit de fabriquer un cadre par type de fermeture : un cadre d'habillage avec des boutons, un cadre avec une fermeture à glissière, un cadre avec des scratchs et un cadre avec deux pans de tissus.

- Rabattez les manches de la chemise à l'arrière du cadre ou découpez-les. Clouez la chemise sur le cadre avec les clous tapissiers.

- Faites de même pour les autres vêtements. Découpez les tissus au format du cadre et fixez-les aux quatre coins avec les clous tapissiers.

- Sur le 4e cadre, cousez les lacets ou les rubans de chaque côté d'un même morceau de tissu.

Variante : vous pouvez utiliser une paire de chaussures à coller sur une planche de contreplaqué. Prévoyez deux planches : une pour des chaussures à lacets, l'autre pour des chaussures à scratch.

Présenter l'activité à l'enfant

Il est indispensable de bien prendre le temps de faire une présentation complète du matériel **pour que l'enfant, par l'observation dans un premier temps, acquière les « bons gestes »,** notamment pour le cadre des lacets.
Des gestes lents, précis, articulés, en indiquant les changements de direction. Dans un second temps, laissez l'enfant choisir son cadre.
Vous serez peut-être amené à le lui montrer plusieurs fois.

VIE PRATIQUE

« J'ai réalisé, avec des tasseaux de bois de 30 x 40 cm maintenus par de petites équerres vissées aux angles, deux cadres d'habillage : l'un avec des boutons, l'autre avec des lacets. Un troisième attend la finition en fermeture à glissière. L'intérêt d'utiliser les petites équerres, c'est que tu peux les défaire pour laver le tissu, alors qu'avec un cadre-peinture, tu ne peux pas... »
Corine, assistante maternelle

METTRE LA TABLE

Très jeune, l'enfant aime imiter l'adulte. En plus de lui donner l'habitude d'utiliser les couverts qui lui serviront au quotidien, ce plateau « d'entraînement » lui permettra de développer sa dextérité.

Préparer le matériel

il vous faut

- Un plateau
- Un set de table blanc ou le verso d'un set de table
- Un feutre permanent
- Une fourchette et un couteau pour enfant, en fer ou en plastique, et différentes cuillères : à dessert, à café et à soupe
- Une assiette pour enfant
- Un verre

- Essayez de ne pas utiliser du plastique qui fausse le poids des objets.

- Avec le feutre permanent, tracez les contours des couverts et de la vaisselle sur le plateau. L'enfant trouvera ainsi facilement leur emplacement.

« C'est pour faire comme à la maison, mais à la maison, c'est que maman qui le fait ! »
Rose, 3 ans

Présenter l'activité à l'enfant

- Indiquez le vocabulaire de chaque objet à l'enfant : « Ceci est une fourchette. »

- Montrez-lui l'emplacement de chaque objet sur le plateau, puis proposez-lui de faire seul. Comme pour toute activité, l'enfant fait sous votre surveillance.

- Lorsqu'il a terminé, il peut aller ranger le plateau à sa place.

- **Pour les plus petits,** vous pouvez avoir plusieurs sets adaptés à l'âge des enfants en y plaçant plus ou moins d'objets (ajout d'une tasse, d'une sous-tasse, d'une cuiller à café, d'un bol à soupe...).

PLIER DES SERVIETTES

Apprendre à rabattre une serviette pour la plier en deux.

Conseils pratiques

il vous faut
- Des serviettes de table en tissu de forme carrée
- Un plateau ou un panier

- Montrez à l'enfant comment rabattre délicatement la serviette bord contre bord, une première fois puis une deuxième.

- Vous pouvez ensuite lui proposer de continuer à plier les autres serviettes.

- Lorsqu'il a terminé, l'enfant range les serviettes dans le plateau qu'il remet à sa place.

Astuce : Vous pouvez tracer des lignes avec un feutre ou coudre un point pour aider l'enfant à plier.

VIE **PRATIQUE**

39

LA BOÎTE À BOUTEILLES

Un matériel simple et rapide à fabriquer qui permet d'aborder de façon amusante la notion de diamètre, grâce aux différents bouchons et goulots des bouteilles.

Expliquer l'activité à l'enfant

il vous faut

- Une boîte
- Une coupelle
- Une multitude de petites bouteilles en plastique ou en verre avec leur bouchon, de différentes formes, de toutes les couleurs et de plusieurs diamètres

- Placez les bouchons dans une coupelle et les bouteilles dans la boîte.

- Expliquez aux enfants que le but de cette activité est de retrouver la bouteille qui va avec son bouchon.

Laissez les enfants s'organiser comme ils le souhaitent. C'est passionnant de les observer car chacun a une façon différente de procéder.

S'amuser à goûter l'eau

Si vous achetez différentes petites bouteilles d'eau – que vous pouvez vous procurer à l'unité –, **n'hésitez pas à proposer aux enfants une « dégustation d'eau »,** minérale ou pétillante, pour qu'ils s'aperçoivent que les eaux ont des goûts différents.

« J'aime le jeu des bouteilles, je cherche les bouchons et après, j'aligne les bouteilles. C'est beau ! »
Oscar, 7 ans

VIE PRATIQUE

LA BOÎTE À BOÎTES

Ce jeu sert à développer la dextérité par l'ouverture et la fermeture de différentes boîtes.

Expliquer l'activité à l'enfant

il vous faut

- Un plateau
- 10 boîtes avec un système d'ouverture différent (porte-monnaie, trousses avec fermeture éclair, petites bouteilles de parfum, pot de confiture…)

- Disposez les différentes boîtes sur le plateau.
- Tenez une boîte dans une main, le couvercle dans l'autre, puis exercez un mouvement de rotation, de pression, d'appui pour l'ouvrir. Puis refermez-la et montrez à l'enfant comment ouvrir une autre boîte.
- Vous pouvez aussi laisser l'enfant explorer et trouver la solution pour ouvrir et fermer les boîtes par lui-même. Lorsqu'il maîtrise bien l'activité, vous pouvez augmenter le nombre de boîtes.
- Saisissez l'occasion de montrer à l'enfant comment ouvrir et fermer sans danger une porte, un tiroir ou un placard.

Chiner des petites boîtes

Vous trouverez à très bas prix toutes sortes de boîtes, parfois même **avec des ouvertures très mystérieuses**, dans les brocantes, les vide-greniers ou chez Emmaüs… Ce plateau peut être alimenté au gré de vos trouvailles.

LA BOUTEILLE À ÉLASTIQUES

Elle permet de développer l'agilité et la musculature des doigts.

Expliquer l'activité à l'enfant

il vous faut
- Une bouteille en verre
- Des élastiques à cheveux
- Une petite boîte

- Faites glisser les élastiques sur le goulot de la bouteille. **Attention à ne pas lâcher l'élastique sinon il saute !**

- Enlevez ensuite les élastiques de la bouteille. Proposez à l'enfant de faire de même.

- Lorsqu'il a terminé, montrez-lui comment ranger les élastiques dans la petite boîte.

VIE **PRATIQUE**

« J'aime mettre des élastiques sur les bouteilles parce qu'on habille la bouteille avec plein de couleurs. »
Léo, 4 ans

45

LE TABLEAU À BIGOUDIS

On me demande souvent quel est l'objectif de ce matériel. Je réponds : « Le plaisir, pour les enfants qui le manipulent mais aussi pour les grands ! » C'est mon chouchou.

Préparer le matériel

il vous faut

- Un morceau de contreplaqué de 60 x 90 cm
- Un morceau de moquette rase de 60 x 90 cm
- 6 clous
- Des bigoudis de couleurs et de grosseurs différentes
- Une boîte

- Fixez la moquette sur le contreplaqué avec les clous.

- Si vous le souhaitez, vous pouvez fixer le tableau au mur. Si vous préférez pouvoir le déplacer, je vous conseille d'utiliser un taleau en liège à la place du contreplaqué, car le liège est léger.

- **Ce matériel est souvent utilisé par des enfants aveugles**, notamment par l'association « Les doigts qui rêvent ».

VIE **PRATIQUE**

- L'enfant colle les bigoudis sur le tableau. Il peut réaliser des dessins ou former son prénom.

- À la fin du jeu, l'enfant doit ranger les bigoudis dans la boîte.

LES CADENAS

Cette activité aide au développement musculaire des doigts, à l'agilité, en particulier par l'action de rentrer et tourner la clé dans le cadenas pour qu'il puisse s'ouvrir.

Expliquer l'activité à l'enfant

il vous faut

- Une boîte
- 3 cadenas (ou plus) de différentes formes et tailles, et leurs clés

- Expliquez à l'enfant que son défi est de trouver les clés qui correspondent aux cadenas pour les ouvrir.
- Une fois que tous les cadenas sont ouverts, il faut replacer les clés et refermer les cadenas dans la boîte pour une utilisation prochaine.
- Vous pourrez augmenter le nombre de cadenas au fil de vos trouvailles.
- Vous pourrez aussi compléter cette boîte en ajoutant écrous et boulons de différentes tailles, l'enfant devra retrouver les paires.

« J'aime les cadenas, c'est un peu difficile mais j'aime trouver la bonne clé. »
Latifa, 4 ans

DÉTACHER - RATTACHER

VIE PRATIQUE

Ce jeu permet d'apprendre à ouvrir et fermer différents crochets que l'enfant n'a pas l'habitude d'utiliser au quotidien.

Préparer l'activité

- Fixez les crochets sur le morceau de contreplaqué.
- Accrochez les mousquetons aux crochets.
- Montrez à l'enfant comment ouvrir chaque mousqueton et chaque maillon.
- Une fois que les quatre sont ouverts, montrez-lui comment les remettre sur les crochets.

il vous faut

- Un morceau de contreplaqué épais
- 4 gros crochets
- 4 mousquetons différents : un mousqueton classique, un mousqueton pompe à touret, un maillon rapide, une manille droite…

« C'est un peu dur, il faut trouver comment ouvrir. Il faut tourner, dévisser, pincer, tirer, forcer et aussi réfléchir ! »

Maxence, 5 ans

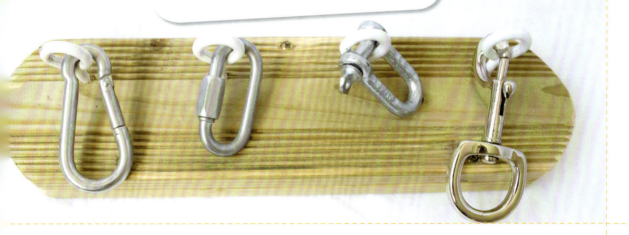

LE MOULIN À CAFÉ

Cette activité permet d'apprendre à utiliser un moulin à café, à tourner la manivelle et ainsi observer les grains de café se transformer en poudre.

Expliquer l'activité à l'enfant

il vous faut
- Un moulin à café
- Des grains de café
- Un petit bocal

- Présentez à l'enfant le fonctionnement du moulin : mettez les grains de café puis tournez la manivelle plusieurs fois. Enfin, ouvrez le tiroir et mettez la poudre dans un petit bocal.

- Vous pouvez lui faire sentir et toucher les graines de café et la poudre.
- Mettez-le en garde contre les dangers de la lame, à l'intérieur, qui sert à moudre les grains de café.

VIE PRATIQUE

Les petits pots

Après avoir utilisé le moulin à café, chaque enfant peut repartir avec un petit pot rempli de poudre de café pour l'utiliser avec ses parents à la maison.

LE CŒUR D'AMOUR

Un jeu de couture qui permet d'apprendre à passer un lacet dessus et dessous.

Préparer l'activité

il vous faut
- Un morceau de feutrine épaisse ou de carton de couleur rouge
- Un lacet de chaussure
- Une perle
- Des ciseaux
- Une vrille

- Dessinez un cœur sur la feutrine et découpez la forme avec les ciseaux.

- Avec la vrille, faites des trous sur le contour du cœur.

- Attachez la perle à l'extrémité du lacet.

- Montrez à l'enfant comment passer le lacet dans les trous : une fois dessus, puis une fois dessous et recommencez jusqu'à finir de faire le tour du cœur.

- Proposez à l'enfant de faire seul.

Astuce de Céline, assistante maternelle

Je fabrique des voitures, des petits bonhommes et bien d'autres formes avec du carton, et utilise différents lacets de diamètres plus ou moins gros.

VIE PRATIQUE

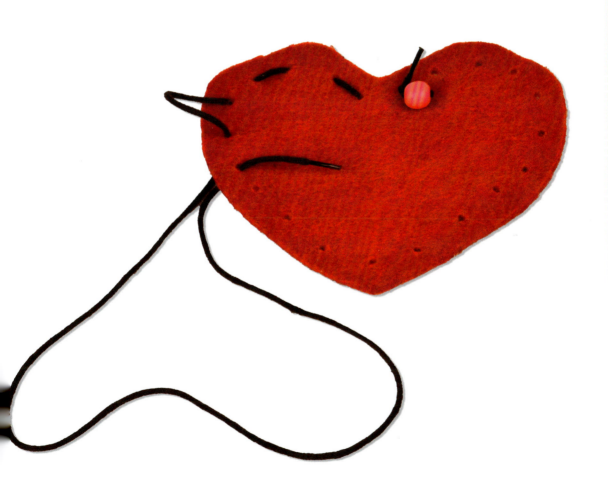

53

LA BASSINE À LESSIVE

Cette activité permet d'imiter l'adulte pour apprendre à laver à la main, tremper, frotter, essorer, étendre.

Préparer l'activité

il vous faut

- 2 bassines
- Une petite panière à linge
- De petits vêtements de poupée
- Un petit étendage (voir comment le fabriquer page 148 « L'étendoir à linge »)
- Des pinces à linge
- Un tube de lessive « lavage à la main »

- Remplissez la première bassine d'eau tiède et de lessive, et la seconde d'eau claire tiède. Installez l'étendage et rassemblez le matériel.

- Décortiquez chaque action lentement devant l'enfant : « Je prends un vêtement dans la panière, je le trempe dans la bassine d'eau et de lessive, je le frotte. Je le mets dans la bassine d'eau pour le rincer, je l'essore. Enfin, je l'accroche sur l'étendage avec une ou plusieurs pinces à linge. »

- Proposez à l'enfant de faire seul.

Variante : la vaisselle

Vous pouvez proposer une variante de cette activité en l'adaptant à la vaisselle. Pour cela, remplacez le tube de lessive par un peu de liquide vaisselle, l'étendage par un petit égouttoir, les vêtements de poupée par de la vaisselle de dînette et ajoutez un torchon pour sécher et une éponge pour frotter.

> « J'aime bien faire la lessive des habits de mon bébé : je trempe, ça mousse et je mets une pince à linge. Après, je recommence... »
> **Louise,** 4 ans

LE PLATEAU DE DÉCOUPAGE

Ce plateau permet d'apprendre à découper en toute autonomie.

il vous faut

- Un plateau
- Une paire de ciseaux adaptée à l'âge de l'enfant, droitier ou gaucher
- Des feuilles de papier
- Une barquette vide pour récupérer les morceaux découpés
- Un tube de colle

Préparer le matériel

- Préparez une feuille avec des bandes horizontales et verticales à environ 1,5 cm de distance les unes des autres.

- Photocopiez la feuille que vous avez préparée pour en avoir d'avance car quand les enfants commencent à apprendre à découper, plus rien ne les arrête ! Je vous conseille de vous fournir en papier brouillon dans les entreprises, bureaux, commerces…

- Préparez le plateau en y installant tout le matériel.

Expliquer l'activité à l'enfant

Aidez l'enfant à bien positionner ses doigts dans les anneaux du ciseau, le pouce en haut : « Le pouce regarde toujours vers le menton », l'index et le majeur dans l'anneau inférieur, vers le bas.

Montrez-lui qu'il faut ouvrir et fermer les ciseaux pour découper.
Petit à petit, il pourra couper de petits morceaux de papier puis des bandes plus larges dessinées sur une feuille.

Lorsqu'il a terminé de découper, vous pouvez lui proposer de coller ses petits papiers sur une feuille de la couleur de son choix.

Variante

Vous pouvez récupérer des publicités représentant des légumes, des fruits, des objets de la maison…

Vous les laisserez à la portée de l'enfant dans un tiroir.
Une fois qu'il est plus à l'aise avec le découpage, il pourra découper et coller des images.

VIE **PRATIQUE**

ÉPLUCHER, DÉCOUPER, CASSER OU PRESSER

Cet atelier permet de développer la dextérité des doigts et d'utiliser différents outils de la cuisine.

Expliquer l'activité à l'enfant

il vous faut
- Un couteau à bout rond
- Un économe
- Un casse-noix
- Un presse-agrumes
- Des noix
- Une banane
- Une assiette
- Du papier journal
- Un tablier en tissu

- Dites à l'enfant de se protéger en mettant un tablier en tissu pour ne pas se salir.

- Montrez-lui comment couper une banane en rondelles dans une assiette en plaçant les épluchures sur le papier journal. Renouvelez l'opération en lui montrant comment casser une noix, éplucher une carotte et presser une orange.

- **Selon son âge,** laissez l'enfant découper, casser, râper d'autres fruits et légumes pour préparer son goûter ou bien réaliser une recette.

- Une fois qu'il a terminé, l'enfant nettoie et range les différents outils qu'il a utilisés. Il peut trier et récupérer les épluchures dans un compost pour le potager ou les plantes au jardin.

La pomme magique

Pour les pommes, j'utilise un pèle-pomme. C'est une « machine » que les enfants aiment beaucoup. Elle est un peu magique, je l'emmène souvent en animation.

« Abracadabra, ça tourne ! »
Elle enlève la peau de la pomme, la vide et la découpe en rondelles d'un coup de manivelle ! Manger une pomme magique, c'est encore meilleur !

TAILLER LES CRAYONS

Cette activité permet de s'entraîner à tailler les crayons, toujours dans un but d'autonomie et de développement de l'agilité des doigts.

Expliquer l'activité à l'enfant

il vous faut

- Des crayons de couleurs
- Un taille-crayon en aluminium
- Une barquette pour les épluchures

- Expliquez avec une démonstration comment tenir le taille-crayon et le crayon à tailler puis tournez le crayon de manière à rendre pointue son extrémité.

- Proposez à l'enfant de faire seul.

Astuce : Les enfants peuvent récupérer les épluchures pour une création originale et colorée.

VIE **PRATIQUE**

LE POINÇONNAGE

Ce matériel, qui est apprécié par les enfants, permet de préparer la tenue du crayon. Il n'est pas dangereux s'il est utilisé de façon calme et sous la surveillance d'un adulte.

Préparer le matériel

il vous faut

- Un plateau
- Un poinçon
- Des fiches représentant des dessins à poinçonner
- Un morceau de liège ou, comme sur la photo, une chute de sol plastique

- Pour fabriquer un poinçon vous-même, collez un long clou à tête plate entre les deux parties d'une pince à linge avec un pistolet à colle.

- Vous pouvez vous procurer un fichier à faire photocopier par OPPA (outils pour une pédagogie personnalisée et active) dont le catalogue propose tout le matériel Montessori.

- **Pourquoi ne pas créer aussi vos propres modèles de dessins ?** Vous pourrez ainsi les adapter selon la saison. Par exemple : un sapin, une feuille.

Expliquer l'activité à l'enfant

- L'enfant perce à l'aide du poinçon les petits trous qui forment le dessin. Une fois qu'il a terminé, le dessin se détache. Il peut alors décorer et coller les deux parties.

- Lorsqu'il a terminé, l'enfant range le matériel sur le plateau et le range.

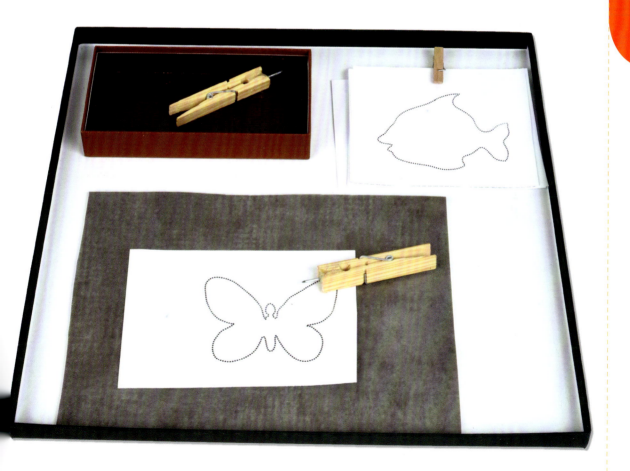

VIE PRATIQUE

VERSER et TRANSVASER

Vous pouvez commencer par les exercices de verser et transvaser parce que les enfants « adorent » ! De plus, ils sont *essentiels pour leur développement* ; les jeux demandent peu de matériel et peuvent être installés rapidement. Voici des idées pour commencer, vous pourrez en inventer d'autres...

> Dans l'esprit de l'enfant, nous pourrons trouver la clé du progrès.
> Maria Montessori

VERSER DE L'EAU AVEC UNE CARAFE

Cet atelier permet aux enfants de s'entraîner à se servir à boire, notamment sans faire déborder le verre comme ils le font souvent.

Préparer le matériel

il vous faut
- Un plateau
- Une petite carafe
- 2 verres
- Du ruban adhésif de couleur
- Une éponge
- Un entonnoir

- Délimitez par un morceau de ruban adhésif de couleur le niveau de remplissage de l'eau sur la carafe et sur les verres.

- Placez sur le plateau : la carafe, les deux verres, l'entonnoir et l'éponge.

- **Pour les plus petits,** vous pouvez utiliser des pots de yaourt à la place de verres.

VERSER et TRANSVASER

À l'enfant de jouer !

L'enfant peut s'entraîner tout d'abord à remplir la carafe à un robinet ; ensuite, il peut verser l'eau dans les deux verres en essayant de respecter le niveau indiqué. **Pour remettre l'eau dans la carafe,** l'enfant utilise l'entonnoir.

Une fois l'activité terminée, l'enfant range son plateau. L'éponge sert à nettoyer si de l'eau est tombée sur le plateau.

VERSER AVEC DEUX CARAFES

Cette activité permet à l'enfant de développer son habileté pour muscler sa main droite et sa main gauche, la coordination et la précision des gestes, les notions de vider et remplir.

Préparer le matériel

il vous faut

- Un petit plateau
- 2 carafes en verre ou en céramique
- De l'eau

- Placez la carafe pleine à droite et commencez par verser délicatement tout le contenu dans la seconde carafe avec la main droite.
- Renouvelez l'opération avec la main gauche.

- Proposez à l'enfant de le faire s'il le souhaite.
- **Si de l'eau tombe à côté,** prévoyez sur le plateau une éponge pour essuyer.
- Une fois l'activité terminée, l'enfant range son plateau.

Astuce : Lorsque l'enfant maîtrise bien cette activité, vous pouvez remplacer l'eau par du sable ou encore des graines (pois chiches, lentilles, haricots...). À la place de l'éponge, prévoyez une petite balayette et une pelle pour ramasser.

> « J'aime les verser avec l'eau, ça me fait du bien, ça me calme. Après, je fais les lentilles. »
> **Camille,** 7 ans

> « J'aime les graines dans les carafes parce que c'est rigolo »
> **Jade,** 4 ans

VERSER et **TRANSVASER**

TRANSVASER D'UN BOL À L'AUTRE

Cette activité permet de se muscler les doigts et les poignées et de s'entraîner à transvaser un contenu d'un bol à un autre.

Présenter l'activité à l'enfant

il vous faut
- Un plateau
- 2 bols
- Un peu de riz ou des lentilles corail parce qu'elles sont belles !
- Une cuillère à soupe

- Sur le plateau, placez la cuillère et les deux bols : l'un vide à gauche, l'autre rempli de riz à droite.
- Commencez à transvaser le contenu du bol plein dans l'autre bol à l'aide d'une cuillère en décrivant vos mouvements à l'enfant.
- Renouvelez l'opération avec la main gauche.
- Proposez à l'enfant de faire la même chose.
- Une fois l'activité terminée, demandez-lui de ranger son plateau.

Augmenter la difficulté

Après une longue utilisation de ce matériel, vous pouvez faire évoluer le plateau en changeant l'outil permettant de transvaser. Une cuillère à glace, par exemple, offre à l'enfant la possibilité de bien manier son poignet. **Vous pouvez aussi changer le contenant** en utilisant de grands saladiers. Les graines sont alors transférées d'un saladier à l'autre en joignant les deux mains ou à l'aide d'une louche.

VERSER et **TRANSVASER**

TRANSVASER AVEC UNE PINCE

Cette activité permet de transvaser des coquillages d'un bol à un autre à l'aide d'une pince et de se muscler les doigts.

Expliquer l'activité à l'enfant

- Un plateau
- 2 bols identiques
- Des coquillages, des boutons, des bouchons, des graines…
- Une pince (type pince en plastique à usage unique) ou une pince à épiler

- Sur le plateau, placez la cuillère et les deux bols : l'un vide à gauche, l'autre rempli de coquillages à droite.

- Commencez à transvaser les coquillages d'un bol à l'autre à l'aide d'une pince en décrivant oralement vos actions à l'enfant.

- Renouvelez l'opération de la main gauche.

- Proposez à l'enfant de réaliser à son tour les actions permettant de faire passer les coquillages d'un bol à l'autre.

- Une fois l'activité terminée, demandez-lui de ranger son plateau.

Astuce : Vous pouvez utiliser d'autres pinces (pince à sucre, à glaçons, pince à thé, pince à saucisses…)

VERSER et **TRANSVASER**

« J'aime bien la pince à sucre, ça ressemble à des griffes qui s'ouvrent et se ferment pour attraper un objet. »
Lisea, 4 ans

73

LA BASSINE D'EAU

Cette activité permet de verser et de transvaser de plusieurs manières, en utilisant des contenants très variés. Un jeu d'extérieur !

Préparer l'activité

il vous faut
- Une bassine
- Des bouteilles, passoires, arrosoirs, cuillères, entonnoirs...

- Remplissez la bassine d'eau.

- Pour cette activité, il n'est pas nécessaire de faire de présentation car les enfants vont rapidement et naturellement s'amuser à verser, remplir, vider, s'arroser...

VERSER et **TRANSVASER**

Variante avec de la semoule

Selon la saison, **vous pouvez remplacer l'eau par de la semoule.** Prévoyez alors un drap sous la bassine pour récupérer les graines.

LE MINI BAC À SABLE

Ce jeu aide à la détente et à l'apaisement car on utilise de petits outils pour transvaser le sable. Je le propose beaucoup aux enfants pour retrouver un calme intérieur.

Préparer l'activité

il vous faut

- Un bac en bois ou en plastique vec couvercle (l : 33 cm, L : 41 cm, H : 6,5 cm)
- Une pelle
- Un râteau
- Un petit bâton
- Du sable
- Des petits cailloux ou coquillages...

- Remplissez de sable le bac en bois ou en plastique. Ajoutez le reste du matériel.

- Montrez à l'enfant que l'on peut utiliser ses doigts, la pelle ou d'autres objets pour transvaser du sable et faire des traces, des dessins ou des lettres, puis les effacer.

- Il est également possible de recouvrir des objets de sable pour les faire disparaître puis réapparaître.

Astuce : J'accompagne cette activité d'un fond de musique douce évoquant la nature.

VERSER et **TRANSVASER**

> « J'aime faire des traces dans le bac à sable parce que c'est tout doux. »
> **Laura,** 5 ans

LES SERINGUES

Cet atelier permet de développer l'agilité et la force des doigts et des poignets.

Expliquer l'activité à l'enfant

il vous faut

- Un plateau
- 2 verres identiques
- Une petite bouteille d'eau
- Des seringues de différentes contenances, sans leur aiguille
- Un petit entonnoir

- Dévissez le bouchon de la petite bouteille d'eau, versez le contenu dans l'un des deux verres puis, à l'aide d'une seringue, transvasez l'eau dans l'autre verre.

- Il est important de nommer les objets : « Ceci est une seringue et non une piqûre. Une seringue est l'instrument qui sert à faire des piqûres. Ceci est un entonnoir. »

- Ces actions peuvent être effectuées des deux mains.

- Une fois l'activité terminée, il ne reste plus qu'à vider l'eau du verre dans la bouteille à l'aide de l'entonnoir puis à refermer la bouteille.

VERSER et TRANSVASER

Obtenir des seringues

Pour vous procurer des seringues, demandez à une infirmière ou à un vétérinaire.

Celui-ci pourra vous obtenir de très grosses seringues, destinées notamment aux chevaux.

« J'aime les piqûres et l'eau parce que c'est rigolo ! »
Florian, 4 ans

79

TRANSFERT D'EAU AVEC UNE ÉPONGE

Cette activité permet d'apprendre à essorer une éponge.

Expliquer l'activité à l'enfant

il vous faut
- 2 bacs ou 2 bols
- Une éponge

- Remplissez l'un des deux bacs avec de l'eau en fonction de la grosseur de votre éponge et de sa capacité d'absorption (environ 2 cm d'eau).

- Montrez à l'enfant le premier bac où se trouve l'eau.

- Mettez l'éponge dans le bac. Faites observer à l'enfant que l'éponge absorbe l'eau.

Une fois que l'époange a entièrement absorbé l'eau, renversez le bol pour montrer qu'il n'y a plus d'eau. « Où se trouve l'eau ? »

- Essorez alors complètement l'éponge avec vos deux mains dans l'autre bac et faites constater à l'enfant que l'eau est bien de retour dans le bac.

- Enfin, proposez l'activité à l'enfant.

Astuce : Vous trouverez de grosses éponges naturelles dans les commerces de bricolage, elles servent à lessiver les murs pour des travaux. Vous n'en aurez besoin que de la moitié.

VERSER et **TRANSVASER**

81

LE COMPTE-GOUTTES

Ce matériel sert à ajuster son geste pour être précis.

Expliquer l'activité à l'enfant

il vous faut
- Un plateau
- Un flacon
- Du colorant alimentaire
- Une pipette compte-gouttes qui se visse
- Une boîte de peinture vide
- Une éponge
- Un morceau de papier absorbant

- Remplissez le flacon d'eau et de colorant alimentaire.

- Placez sur le plateau tout le matériel.

- À l'aide du compte-goutte, montrez à l'enfant de quelle façon il faut pincer la pipette, pour que le liquide monte, puis mettez une goutte dans chaque creux de la boîte de peinture. **Il faut pour cela pincer doucement.**

- Si de l'eau coule à côté, montrez à l'enfant comment utiliser l'éponge ou le papier absorbant.

- À la fin de l'activité, videz et nettoyez la boîte de peinture pour permettre la réutilisation du plateau.

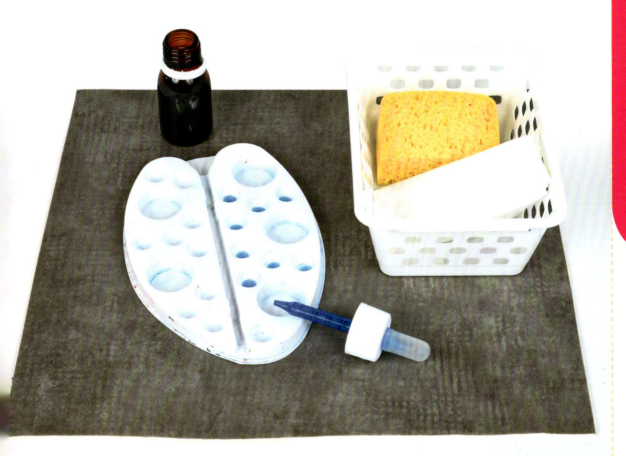

Remplacer le colorant alimentaire

Si vous n'avez pas de colorant alimentaire, **vous pouvez utiliser un peu de sirop de grenadine par exemple,** mais il sera plus éphémère. Au lieu de la boîte de peinture, vous pouvez aussi utiliser les ventouses d'un porte-savon que vous aurez retourné.

À la DÉCOUVERTE des SENS

Le développement des cinq sens est indispensable dans la pédagogie Montessori. L'apprentissage se fait essentiellement par *le toucher, la vue, le goût, l'odorat et l'ouïe*. Pour les stimuler, je vous propose quelques activités diverses.

LA BOÎTE DE SACHETS DE TISSUS

Elle aide au développement des facultés tactiles et de l'acuité visuelle.

il vous faut

- Un plateau ou une petite caisse en plastique
- Un carton de 13 x 25 cm
- Des paires de rectangles de tissus de textures différentes
- De la ouatine
- Une paire de ciseaux
- Du fil et une aiguille ou une machine à coudre

Préparer le matériel

- Le carton de 13 x 25 cm va vous servir de gabarit. Découpez tous les morceaux de tissus à la taille du gabarit. Il vous faut deux morceaux par type de tissu.
- Pliez en deux chaque morceau de tissu sur l'envers et cousez sur deux côtés.
- Retournez le sachet à l'endroit, garnissez-le d'une petite quantité de ouatine et refermez-le à la machine ou avec un fil et une aiguille.
- Rangez tous les sachets sur le plateau ou dans la petite caisse.

Organiser l'activité

- Prenez le temps de toucher les différentes textures des morceaux de tissus avec l'enfant : « C'est comment ? Doux, rugueux, ça gratte, ça pique… »
- Retrouvez les paires.
- Par la suite, vous pouvez placer un bandeau sur les yeux de l'enfant pour n'utiliser que le « toucher ».

> « J'ai fabriqué une boîte à tissus : 10 carrés (15 cm x 15 cm) de différentes matières textiles (toile de transat, toile cirée, tulle, ouate, polaire). J'ai récupéré une boîte de glace. Elle est noire mais j'ai fait une belle étiquette dessus, bleue ciel, pour noter "Les Tissus". »
>
> **Lucie,** assistante maternelle

À la DÉCOUVERTE des SENS

Astuces

Utilisez toutes sortes de chutes de tissu : jean, toile de jute, laine, coton, velours, polaire, toile cirée... récupérées sur de vieux vêtements, dans les magasins de tissus ou, comme pour ma part, chez une gentille couturière. En lui expliquant mon projet, elle m'a offert de petits morceaux de tissus dont elle souhaitait se débarrasser. Quant à la ouatine, on peut en trouver en sac dans des magasins de tissus ou la récupérer dans de vieux coussins ou de vieilles peluches trouvés aux puces.

Pour varier au maximum vos morceaux de tissus, proposez un échange si vous êtes plusieurs enseignants, parents, assistantes maternelles... à fabriquer la boîte de tissus.

LES BOÎTES À SONS

Elles aident au développement des facultés auditives.

Préparer l'activité

il vous faut

- 8 boîtes opaques identiques avec leur couvercle
- 8 gommettes de couleur (4 d'une couleur, 4 d'une autre couleur)
- Du sable, des perles, des coquillages, des graines…
- Du ruban adhésif

- Rassemblez huit boîtes de pellicules photos ou de petites bouteilles de yaourt à boire avec un bouchon qui se visse.
- Collez 4 gommettes de même couleur sur les quatre premiers couvercles et utilisez une gommette d'une autre couleur pour les autres.
- Remplissez les boîtes en quatre paires avec : des perles, du sable, des coquillages, des graines, ou encore des clochettes… **On peut aussi utiliser différentes textures de sable.**
- Condamnez l'ouverture de la boîte avec le ruban adhésif pour éviter que les jeunes enfants n'ouvrent les bouteilles.

- Montrez à l'enfant que l'on peut secouer les boîtes en écoutant avec une oreille puis avec l'autre.
- Faites-lui remarquer qu'il y a deux couleurs sur les couvercles. Il ne doit pas ouvrir les boîtes, seulement les écouter, même en fermant les yeux s'il en a envie.
- Mélangez les boîtes.
- Laissez maintenant le temps à l'enfant de reconstituer les paires. S'il n'y parvient pas, ce n'est pas grave ! Il n'y a pas d'obligation de résultat, il pourra reprendre le jeu une prochaine fois.

Astuce : Vous pouvez augmenter ou diminuer le nombre de paires selon l'âge des enfants.

À la DÉCOUVERTE des SENS

LE JEU DES ODEURS

Cette activité sert à développer le sens de l'odorat, découvrir des odeurs et reconnaître des senteurs familières qui nous rappellent des lieux, des personnes...

Préparer l'activité

il vous faut

- 8 petits pots opaques identiques en plastique (type pots de yaourt) ou en verre (type mini pots de confiture)
- Peinture acrylique de deux couleurs
- Un pinceau
- Des petits sacs à dragées en organza
- De la poudre de cacao, du café, de la cannelle, de la lavande, du thym, des feuilles de menthe, des copeaux de noix de coco, des gousses de vanille...
- Une bobine de ficelle

- Peignez l'intérieur des pots avec de la peinture acrylique, de deux couleurs, pour constituer des paires.
- Mettez la poudre de cacao dans un petit sachet en organza. Attachez-le bien avec une ficelle et placez-le dans le pot. Renouvelez l'opération avec les feuilles de menthe, les brins de thym et la cannelle.
  - L'enfant pourra ouvrir le pot et en sentir l'odeur mais sans apercevoir ni en faire tomber le contenu.

- Ouvrez délicatement les petits pots et sentez-les.
- Présentez-les à l'enfant sans en nommer le contenu.
- L'enfant va peut-être reconnaître les odeurs. S'il ne les connaît pas, vous pouvez les lui faire deviner : « C'est une plante, on en voit, tu en manges ou en bois le matin... »
- Il retrouvera peut-être les paires.
- Par la suite, il peut à son tour rapporter de chez lui un petit pot à odeurs pour le faire découvrir aux autres.

Astuce

J'évite d'utiliser des essences car elles transforment un peu l'odeur. N'hésitez pas à changer régulièrement le contenu des pots car les odeurs s'atténuent rapidement.

> « Ça me fait penser au gâteau de ma maman sorti du four ! »
> (copeaux de noix de coco)
> **Anne,** enseignante en maternelle

À la DÉCOUVERTE des SENS

> « C'est du cacao ! J'en mets le matin dans mon lait. »
> **Louise,** 3 ans

> « Ça sent mon papa ! »
> (grains de café)
> **Ethan,** 3 ans

LE JEU DU GOÛT

Cette activité développe les sensations gustatives.

Préparer l'activité

il vous faut

- Un plateau
- Des verrines ou de petits verres
- Différents aliments : fruits frais ou secs, chocolat, légumes, pétales de céréales nature, fromage…
- Un pic en bois par enfant pour saisir les aliments
- Une serviette en papier
- Un bandeau pour les enfants qui souhaitent déguster les yeux fermés

- Recouvrez le plateau d'une serviette en papier.

- Répartissez les différents aliments dans les verrines. Posez les verrines et les pics sur le plateau.

- Les enfants se retrouvent autour d'une table pour un jeu de dégustation. Ceux qui le souhaitent peuvent utiliser un bandeau pour les yeux.

- Distribuez aux enfants un pic en bois jetable ou une cuillère qu'ils garderont tout au long du jeu.

- Commencez le jeu par l'aliment de votre choix. Pour de jeunes enfants, quatre aliments différents suffisent.
  Augmentez ce nombre selon l'âge et l'intérêt des enfants.

Variante

Lors de mes interventions dans les écoles ou les relais d'assistantes maternelles, je propose un plateau avec des morceaux de bananes ou de mandarine, du chocolat noir au sel, des pignons de pin… Il est intéressant de les amener à distinguer différentes saveurs : sucré, salé, acide, amer, mais aussi doux, croquant, tendre, agréable…

Et pourquoi ne pas ajouter des aliments originaux et insolites ! Les enfants et les adultes se prêtent facilement à ce jeu.

LES PLANCHES LISSES ET RUGUEUSES

Cet atelier permet d'accroître le sens tactile de l'enfant et de développer le contrôle musculaire et la souplesse de ses poignets droit et gauche. Il permet aussi de se détendre si l'on prend le temps de toucher doucement chaque bande.

Préparer l'activité

il vous faut

- Un carton épais ou un morceau de planche de 15 x 30 cm
- Du papier de verre (grain 80)
- De la colle forte
- Des ciseaux

- Coupez 5 bandes de papier de verre d'environ 3 cm de large et de 30 cm de long.

- Collez les bandes de papier de verre sur le carton en les éloignant de 3 cm à chaque fois.

- Aidez l'enfant à parcourir lentement la première bande avec l'index et le majeur, de gauche à droite.

- Renouvelez l'opération successivement sur chaque bande en nommant : « Doux, rugueux. »

Astuce

Je vous conseille de fabriquer des planches plus grandes pour que l'enfant puisse toucher avec toute sa main. Vous pouvez proposer à l'enfant de fermer les yeux pour ne se concentrer que sur le sens du toucher.

À la DÉCOUVERTE des SENS

LES TABLETTES RUGUEUSES

Voici un jeu facile à réaliser. Il permet de développer le sens tactile et sentir ce qui est doux puis ce qui est de plus en plus rugueux.

Préparer l'activité

il vous faut

- 10 rectangles de 7 x 4 cm en bois ou en carton épais
- 5 morceaux de papier de verre de 7 x 8 cm de grains différents (60, 80, 120, 160, 240)
- De la colle forte
- Des ciseaux
- Une boîte pour ranger les tablettes

- Coupez en deux les morceaux de papier de verre dans la longueur pour obtenir dix morceaux de 7 x 4 cm.
- Collez les morceaux obtenus sur les rectangles de cartons. Vous obtenez 5 paires de tablettes rugueuses.
- Sortez les tablettes et disposez-les devant l'enfant.
- Prenez une tablette, isolez-la et formez un tas avec les autres.
- Touchez cette première tablette en la parcourant légèrement des doigts et cherchez la même dans la pile.
- Quand vous avez trouvé une paire, mettez-la de côté. Reformez un seul tas et continuez.
- Invitez l'enfant à continuer cette mise en paires, les yeux ouverts ou fermés.
- À la fin du jeu, l'enfant range les petites tablettes dans la boîte.

À la DÉCOUVERTE des SENS

Astuce

Vous pouvez vous procurer du carton dans les poubelles à carton que l'on trouve devant les magasins les jours de ramassage (différents selon chaque commune).

N'ayez crainte : ils sont pliés et propres !

LA BOÎTE À TOUCHER « MYSTÉRIEUSE »

Elle permet d'exprimer ce que l'on ressent lorsque l'on touche quelque chose : « C'est doux, ça gratte, c'est rugueux, c'est dur, c'est liquide, c'est chaud, c'est froid… »

Expliquer l'activité à l'enfant

il vous faut

- Une boîte
- Des petits pots avec un couvercle ou une boîte à faisselle avec plusieurs alvéoles
- Différents contenus : sable, morceaux de roche, coton, pâte à sel, eau chaude, rien (pour sentir le vide), grosses graines…
- Un bandeau pour cacher les yeux

- Remplissez chaque petit pot avec un contenu différent.
- Proposez à l'enfant de lui bander les yeux pour un petit jeu de toucher.
- Prenez-lui la main et aidez-le à toucher les différentes textures contenues dans les pots.
- L'enfant peut exprimer ce qu'il ressent : « C'est chaud, froid, doux, dur, mou, ça gratte… ».
- Lorsqu'il a terminé, l'enfant referme les petits pots et les range dans la boîte.

À la DÉCOUVERTE des SENS

« Ouille !... Aïe !... C'est gradur !
(Lorsqu'il a touché un morceau
de roche, il voulait dire :
"Ça gratte et c'est dur !") »

Léo, 4 ans

LE SAC À MYSTÈRE

Ce jeu permet d'affiner le sens tactile : l'enfant se demande ce qu'il y a dans le sac.

Inviter l'enfant à jouer

il vous faut
- Une boîte
- Un petit sac en tissu que l'on peut resserrer
- De petits objets variés très différents

- Il n'est pas nécessaire de présenter le matériel.
- Prenez le sac et mettez la main à l'intérieur pour toucher un premier objet. Décrivez-le (« Il pique, il est doux, il est rugueux... »). Nommez-le avant de le sortir pour vérifier.
- Invitez l'enfant à jouer.
- Il faut souvent changer le contenu du sac. On peut réaliser des sacs à mystère par thèmes : les animaux, les saisons... Vous pouvez enfin mettre dans le sac des objets par paires. L'enfant choisit un objet dans la boîte et doit le retrouver dans le sac.

Astuce de l'association « Les doigts qui rêvent »

À la place d'un sac, on peut utiliser un tee-shirt uni pour enfant (18 mois à 2 ans environ). Pour cela, il suffit de coudre le col et les manches puis de mettre une fermeture éclair ou bien une bande de scratch au niveau de l'ouverture du bas pour y glisser les objets. Les enfants n'ont plus qu'à mettre leurs deux mains dans les manches pour toucher les objets.

À la DÉCOUVERTE des SENS

Boîte à Mystère

« Un joli tee-shirt pour fabriquer un sac à secrets, c'est ce qui m'a vraiment plu ! Un objet que les enfants connaissent bien, facile à manipuler et vraiment astucieux. »
Anne-Marie, assistante maternelle

101

LE TUBE DE PERLES

Voilà un jeu pour développer la discrimination visuelle.

Préparer l'activité

il vous faut

- 5 tubes en verre ou en plastique, type tubes d'analyse (on en trouve qui contiennent les sauces de salade ou les dragées pour les cérémonies)
- Des perles unies, de différents couleurs
- Du ruban adhésif blanc
- Du ruban adhésif bleu

- Remplissez un premier tube avec les perles de votre choix. Par exemple : 2 perles or, 1 bleue, 1 blanche, 3 rouges, 2 vert clair, 1 vert foncé, 1 jaune.
- Collez un ruban adhésif blanc sur le tube.
- Préparez 4 autres tubes : un qui sera identique au premier et 3 autres différents. Ces 4 tubes seront identifiés par un ruban adhésif bleu.
- Présentez à l'enfant le tube blanc, aidez-le à nommer les perles à haute voix : « 2 perles or, 1 bleue, 1 blanche... »
- Montrez-lui les autres tubes, il doit rechercher le même.

Astuce : Selon l'âge de l'enfant, vous pouvez augmenter le nombre de tubes.

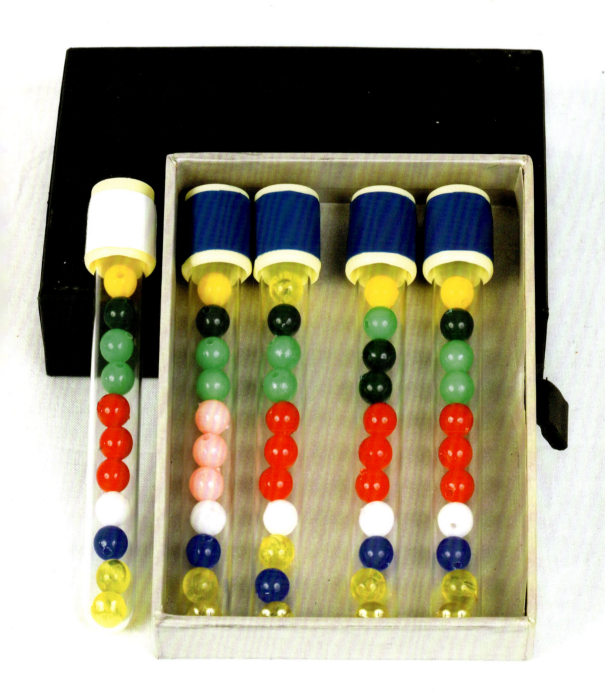

LE MAQUILLAGE IMAGINAIRE

Cette activité permet de développer l'imaginaire, la minutie, le respect de l'autre.

Organiser l'activité

il vous faut
- Un petit pinceau ou un coton-tige
- Un petit pot d'eau
- Des disques de coton

- Invitez l'enfant à réaliser un dessin imaginaire sur le visage d'un autre enfant à l'aide d'un petit pinceau trempé dans l'eau.

- Les enfants choisissent souvent de dessiner des animaux, des fleurs…

- Lorsqu'il a terminé, l'enfant utilise un disque de coton pour essuyer et effacer ses dessins imaginaires.

 Astuce : On peut réaliser des dessins avec de l'eau sur d'autres « surfaces » comme une assiette en ardoise, une petite planche en bois, ou dehors, sur des pierres, le carrelage de la terrasse…

À la DÉCOUVERTE des SENS

LA PÂTE À SEL

La pâte à sel permet de toucher, manipuler et former des objets, faire des traces... Et pourquoi ne pas la goûter ? Elle est sans risque, mais elle est très salée !

Préparer le matériel

il vous faut
- 1 verre de sel fin
- 2 verres de farine
- Un peu d'eau tiède
- Une grosse cuillère d'huile
- Un saladier
- Du film transparent

- Rassemblez les ingrédients dans un saladier et mélangez avec les doigts.
- Dans le saladier, mélangez le sel et la farine. Ajoutez l'eau tiède et l'huile, et continuez de mélanger jusqu'à obtenir une pâte homogène.
- Enveloppez immédiatement la pâte dans un film transparent et laissez-la reposer 1 heure.

- Lorsque la pâte a reposé 1 heure, invitez l'enfant à en prélever un morceau et à créer une forme. S'il sollicite votre aide, montrez-lui comment former une boule, un boudin...
- Laissez la pâte reposer 12 heures.
- Allumez le four à 100 °C (th. 6-7). Faites cuire les petits objets 2 heures environ.

Astuce : Outre la peinture à appliquer au pinceau après cuisson, on peut colorer la pâte à sel, avant cuisson avec de la gouache, de la peinture acrylique ou des colorants naturels.

À la DÉCOUVERTE des SENS

PARCOURS SENSORIEL PIEDS NUS

Cet atelier développe la sensibilité de la voûte plantaire.

Organiser l'activité

il vous faut

- 4 caisses en bois ou bassines en plastique
- 4 contenus différents : sable, coton (type intérieur de coussin), châtaignes, eau, feuilles mortes, papier d'aluminium…
- Une serviette de bain

- Remplissez chaque caisse avec un contenu différent.

- Faites un petit chemin avec les caisses. Placez la serviette à la dernière étape pour que les enfants puissent s'essuyer les pieds.

- Les enfants, pieds nus, passent à leur rythme de caisse en caisse en exprimant leurs sensations : froid, chaud, doux, rugueux, douloureux, agréable…

- En fonction du nombre d'enfant et de leur âge, vous augmentez le nombre de caisses.

- Comme pour chaque atelier, je vous conseille de tester le matériel pour vous rendre compte de ce que les enfants vont expérimenter.

Astuce : Vous pouvez proposer à des enfants plus grands d'effectuer le parcours les yeux fermés. Pour cela, ils se mettent par deux, ce qui permet aussi de développer la confiance en l'autre.

À la DÉCOUVERTE des SENS

109

MISTER APPLE CRUMB

Cette recette de cuisine drôle, belle et délicieuse permet de découvrir différentes variétés de pommes et une épice : la cannelle, que les enfants ont pu sentir dans le jeu de l'odorat.

Recette de l'apple crumb

il vous faut

- 6 pommes de votre choix (douces acidulées, vertes, rouges, jaunes...) qui vont servir de contenant et de garniture
- 2 cuillères de cannelle
- 125 g de beurre mou + une noisette
- 150 g de farine
- 125 g de sucre
- 125 g de poudre d'amandes

Pour 6 personnes

- Préchauffez le four à 210 °C.
- Évidez les pommes à l'aide d'une petite cuillère en raclant doucement. Récupérez la chair, faites-la cuire à la poêle avec une noisette de beurre et la cannelle. Réservez.

et aussi...

Pour le caramel
- De l'eau
- 100 g de sucre

Pour la décoration
- Bonbons
- Fruits secs ou frais
- Pics en bois d'apéritif

- Dans la poêle, mélangez l'eau et le sucre pour faire le caramel. Ajoutez les pommes cuites pour qu'elles s'en imbibent.
- Dans un saladier, mélangez le beurre mou, la farine, le sucre et la poudre d'amande. Formez des petites boules de pâte aplatie avec une petite cuillère.
- Faites cuire 15 minutes.

Réaliser les bonshommes

Chacun réalise son « Mister Apple Crumb » : mettez la pomme cuite à l'intérieur de la pomme évidée puis recouvrez de crumble comme un petit chapeau. Décorez l'extérieur de la pomme, creusez-la pour la bouche à l'aide des pics.

Piquez des bonbons ou des fruits pour les yeux, le nez, les oreilles et pour les cheveux, choisissez des fils bonbons….

» **J'ai pensé cette recette, pour permettre aux enfants de découvrir des saveurs tout en s'amusant.** »
Amandine Sicoit,
créatrice de gâteaux pour enfants

LA MAISON DE POUPÉE

Ce jeu visuel permet aux enfants de trouver les différences entre les objets de la photo et ceux rajoutés dans la maison de poupée, tout comme le jeu des « 7 erreurs ».

Préparer le matériel

il vous faut

- Une boîte à chaussures
- Des matières pour décorer (tissu, dentelle, ruban, chutes de sol plastique ou de moquette)
- Des petits objets de toutes sortes (figurines, animaux, boutons, perles, morceaux de bois…)
- Un pistolet à colle
- Une paire de ciseaux
- Un appareil photo
- Une imprimante
- Un morceau de carton

- Chacun choisit une dimension de boîte, puis étale sur la table tous les objets choisis pour créer un intérieur de chambre, une cuisine, un jardin…
- Commencez par habiller l'intérieur de la boîte par du tissu ou une autre matière.
- Ajoutez des petits objets pour donner vie à votre maison de poupée.
- Une fois que vous avez créé une atmosphère, prenez une photo puis placez à votre guise d'autres objets pour terminer votre maison.
- Imprimez la photo et collez-la sur un morceau de carton.

> « J'adore le jeu des erreurs dans mes magazines de jeux pour les vacances, c'est comme la maison de poupée, mais elle est plus jolie, car on peut toucher les objets, et mieux les distinguer "en vrai". »
> **Paul,** 8 ans

Le but du jeu est de bien observer la photo et la maison de poupée puis de repérer les objets qui ont été rajoutés dans la maison.

À la DÉCOUVERTE des SENS

Le **TRI**

Les enfants, dès leur plus jeune âge, aiment naturellement trier. Nous pouvons leur proposer diverses activités pour acquérir de l'*aisance et une meilleure discrimination visuelle*. Les jeux servent à aider l'enfant à trier des couleurs, des formes, des textures, des tailles...

LA TOUR ROSE

L'enfant travaille sa logique et initie sa capacité de jugement. Il se prépare ainsi aux mathématiques, éduque son sens visuel, et développe la musculature de son poignet et sa capacité de concentration.

il vous faut
- 10 cubes roses en bois dur, de 1 cm à 10 cm d'arête. Les cubes doivent être pleins pour que leur poids soit croissant de manière significative.

Trois exercices

Exercice 1
- Demandez à l'enfant d'aller chercher les 10 cubes de la tour, de les rapporter et de les déposer aléatoirement sur le tapis.
- Prenez chaque cube et comparez-le aux autres en utilisant les mots : « le grand », « le petit », « le plus grand », « le plus petit ». Superposez les cubes pour former une tour harmonieuse.
- Proposez à l'enfant de faire de même.

Exercice 2
- Demandez à l'enfant d'isoler le cube le plus grand et le cube le plus petit. Montrez-lui le grand en disant : « C'est le grand », et le petit en disant : « C'est le petit ». Demandez-lui ensuite : « Montre-moi le grand », « Montre-moi le petit ».

Exercice 3
- Prenez un cube de la tour rose et demandez à l'enfant de vous en donner un cube plus petit ou un plus gros.

Choisir les cubes

Vous pouvez trouver dans le commerce des tours sous d'autres formes qui peuvent aussi correspondre. Seulement attention **à bien les choisir et à ne pas multiplier les notions :** couleurs, bruits, formes... car elles peuvent gêner l'apprentissage. **Vous pouvez faire ces exercices avec des emboîtements cylindriques** de tailles différentes ou encore des parallélépipèdes rectangles en bois plein et dur (tel que du hêtre), d'une longueur de 20 cm mais d'une hauteur variant de 1 x 1 cm à 10 x 10 cm : c'est l'escalier marron de Maria Montessori.

> « J'ai pris la tour rose, j'aime bien faire du plus grand au plus petit. En premier, on met le plus gros. Ensuite, celui qui est un peu moins gros... On finit avec le plus petit. »
> **Carl,** 5 ans

LES BARRES BLEUES

Cet atelier apprend à juger et à comparer différentes longueurs.

Préparer le matériel

il vous faut

- 5 barres en bois de section carrée de 2,5 x 2,5 cm de 1 m de longueur
- 1 barre en bois de section carrée de 2,5 x 2,5 cm de 50 cm de longueur
- Une scie
- Un pot de peinture bleue
- Un pinceau

- Sciez une première barre de 1 m de long en deux morceaux de 10 cm et 90 cm ; une deuxième barre en deux morceaux de 20 cm et 80 cm ; une troisième barre en deux morceaux de 30 cm et 70 cm ; enfin une quatrième barre en deux morceaux de 40 cm et 60 cm.

- Vous obtenez ainsi 10 barres en bois d'une longueur variant de 10 cm à 1 m, avec une incrémentation de 10 cm entre chaque barre.

- Peignez les barres en bleu.

- Vous pourrez par la suite peindre les barres en alternant les couleurs rouge et bleu tous les 10 cm : la barre de 10 cm sera rouge, et les barres de 30, 50, 70 et 90 également rouges aux deux extrémités. Elles permettent d'aborder les nombres de 1 à 10.

Expliquer l'activité à l'enfant

- Invitez l'enfant à aller chercher les barres une à une en les portant par les deux extrémités et à les poser de façon aléatoire sur le tapis.
- Prenez la plus grande barre en premier et déposez-la à gauche, au bord du tapis.
- Continuez avec les autres barres de la plus grande à la plus petite. Vérifiez en comparant chaque barre aux autres pour montrer à l'enfant qu'il peut le faire s'il a un doute sur une longueur.
- Procédez ainsi jusqu'à ce que toutes les barres soient alignées à gauche, les unes contre les autres, de la plus longue à la plus courte.
- Vous pouvez utiliser les barres pour mesurer des meubles… ou les enfants : « Tu es aussi grand que la plus grande barre ! » Ils peuvent d'eux-mêmes se mesurer ou mesurer des objets en superposant deux barres en hauteur : « Mon lit est aussi grand que… barres. »

LES POUPÉES RUSSES

Ce très beau jeu est plein de surprises. Il permet de développer la discrimination visuelle, de la plus petite à la plus grande des poupées.

Expliquer l'activité à l'enfant

il vous faut
- Une série de poupées russes : 5, 8 à 10 poupées

- Prenez bien le temps de présenter les poupées russes ; rares sont les enfants qui en connaissent.
- Montrez la première : vous pouvez raconter son histoire, d'où elle vient…
- Secouez-la : il y a un bruit ! Les yeux des enfants brillent : « Qu'est-ce que c'est ? » Ouvrez-la et continuez l'histoire avec la deuxième poupée.
- Poursuivez l'histoire et ouvrez les poupées jusqu'à la plus petite, les enfants ne savent pas ou ça s'arrête ni s'il y a une fin. Posez les poupées au fur et à mesure les unes à coté des autres, de la plus grande à la plus petite.
- Enfin, replacez-les une à une en commençant par la plus petite. Veillez aux plus jeunes enfants qui pourraient l'ingurgiter.

Variante avec d'autres objets

Vous pouvez utiliser toutes sortes d'objets que l'on peut classer du plus petit au plus grand, comme la série des boîtes à café, à farine… que l'on trouve dans les brocantes ou encore des boîtes gigognes.

> « Je chante une chanson ou une comptine à chaque fois que j'ouvre une poupée russe. »
> **Béatrice,** animatrice dans un relai d'assistantes maternelles

LA TIRELIRE À BOUCHONS

Très apprécié des plus petits à partir de 2 ans, cet atelier permet d'augmenter l'agilité des doigts et favorise la différenciation des couleurs et la concentration.

Préparer le matériel

il vous faut
- 2 boîtes avec couvercle en plastique souple
- Des bouchons de lait (bleu) et de crème (rouge)
- Du ruban adhésif de couleur

- Faites une encoche sur le couvercle des boîtes de la taille des bouchons.
- Protégez le bord des boîtes au niveau de l'ouverture avec le ruban adhésif.

- Vous pouvez utiliser une boîte de lait en poudre pour bébé avec son couvercle pour réaliser la boîte.

Variante : Si l'enfant aime ce jeu, proposez-lui le bocal à pics, qui consiste à faire entrer des bâtonnets dans un bocal. Pour cela, utilisez des petits piques-brochettes d'apéritif et retirez les pointes. Vous pouvez utiliser un grand sucrier ou un pot de confiture dont on perce le couvercle.

Le TRI

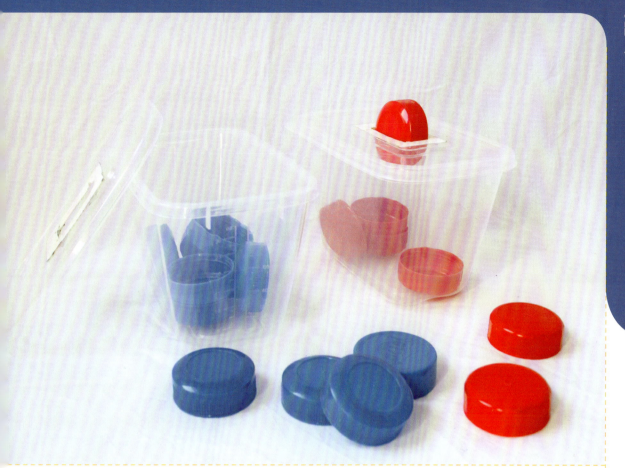

Expliquer l'activité à l'enfant

- Présentez à l'enfant une première boîte, renversez tous les bouchons et montrez le geste qui permet de mettre un bouchon dans l'encoche. Invitez l'enfant à saisir un bouchon et à refaire l'opération.
- Une prochaine fois, quand l'enfant est prêt, ajoutez la deuxième boîte de bouchons de couleur différente.
- Lorsque l'enfant maîtrise bien ce jeu, proposez une variante en créant une tirelire de cartes (de téléphone ou de magasins par exemple).

LE SEL

Ce matériel permet de séparer le gros sel et le sel fin à l'aide d'un tamis.

Organiser l'activité

il vous faut

- Un plateau
- Un sac de sel fin
- Un sac de gros sel
- Une louche
- Un tamis
- Un saladier
- 2 bols
- Une petite balayette et une pelle

- Dans un gros saladier, mélangez le sel fin et le gros sel.

- Placez le saladier, les bols, le tamis et la louche sur le plateau.

- Devant l'enfant, remplissez la louche de sel et versez dans le premier bol à travers le tamis. Seul le gros sel reste dans le tamis.

- Mettez le gros sel dans l'autre bol.

- Après la démonstration, proposez à l'enfant de continuer.

- Une fois l'exercice réalisé, l'enfant remélange le sel fin et le gros sel dans le gros saladier pour une prochaine utilisation.

- Si du sel tombe à côté du plateau, montrez à l'enfant comment le ramasser avec la petite balayette et la pelle.

« J'aime bien le jeu du sel, j'ai goûté une fois, pour voir si c'est bien du sel, après j'ai utilisé le tamis comme pour faire du sable doux, dans la cour de l'école. »
Bastien, 4 ans (moyenne section)

LES PERLES

Ce jeu permet d'apprendre et de visualiser les différentes couleurs en les triant.

Expliquer l'activité à l'enfant

il vous faut

- Un plateau
- De grosses perles en bois de couleur et de forme identique
- 3 barquettes ou petit paniers

- Placez les perles dans une des barquettes.

- Disposez les barquettes sur le plateau.

- Prenez deux barquettes et montrez les perles à l'enfant : « Celle-là est rose, celle-là est bleue… » Rangez les perles dans les barquettes de la même couleur. « Dans chaque barquette, ce sont les mêmes. »

- Passez à 3, 4 puis 5 couleurs.

- Montrez à l'enfant comment ranger les perles.

- Maintenant qu'il connaît le matériel, il pourra l'utiliser quand il le souhaite et autant de temps qu'il en a besoin.

Astuce : Plutôt que de jouer sur les différences de couleur, on peut aussi jouer sur les différences de forme.

Le TRI

127

LE JEU DES CHAUSSETTES

Cette activité donne l'occasion de trier de façon amusante.

Préparer l'activité

il vous faut
- Un panier
- Une boîte
- Une dizaine de paires de chaussettes différentes
- Des pinces à linge

- Placez les chaussettes dans le panier et les pinces à linge dans la boîte.
- Proposez à l'enfant un jeu pour retrouver les chaussettes qui vont ensemble.
- Accrochez les paires à l'aide d'une pince à linge.
- Lorsque l'enfant a terminé, il peut ranger le matériel.

Chiner des chaussettes

Plutôt que d'acheter des paires de chaussettes, vous pouvez en récupérer auprès de mamans qui ont eu des bébés et qui ne s'en servent plus. Pour les enfants un peu plus grands, vous pouvez aussi faire trier des paires de boucles d'oreilles fantaisies.

LE SAC À « BOUZOU »

Ce matériel sert à développer la discrimination visuelle, à savoir reconnaître les mêmes objets, ceux qui se ressemblent.

Expliquer l'activité à l'enfant

il vous faut

- Un plateau
- Un sac
- Différents objets (billes, objets de la nature, voitures, bouchons, coquillages, fruits, animaux…)
- Autant de bols ou de barquettes qu'il y a de séries

- Répartissez les objets sur le plateau et présentez-le à l'enfant.

- Proposez-lui de vous aider à le ranger en classant les objets dans les différentes barquettes, selon différents critères : les bouchons, les fruits, etc.

- Une fois que les objets sont classés, l'enfant les range dans le sac pour une prochaine utilisation.

Le TRI

Récupérer du matériel

Je récupère souvent les pochettes en plastique qui servent à protéger les coussins ou les rideaux que l'on achète dans le commerce. Je demande aussi dans les boutiques pour enfants les petites pochettes transparentes ou les trousses qui sont utilisées pour les maillots de bain ou les sous-vêtements : la plupart du temps, les commerçants s'en débarrassent. Elles sont très utiles pour ranger ou trier du matériel.

LA BOÎTE À BOUTONS

Elle permet aux jeunes enfants, à partir de deux ans (s'ils ne mettent pas de boutons à la bouche), de s'entraîner à trier et ainsi de développer leur discrimination visuelle.

Préparer l'activité

il vous faut

- Un plateau
- 3 séries de boutons bien différentes
- 3 petits bols ou une boîte comportant des casiers de séparation
- Une photo des boutons rangés pour permettre à l'enfant de se repérer et d'évoluer en autonomie

- Placez les boutons sur un plateau.
- Proposez à l'enfant de trier les boutons : il en saisit un premier de son choix, et le place dans un compartiment comme sur la photo. Il peut chercher « les mêmes » puis chercher toutes les « familles » de boutons identiques.
- Lorsqu'il a terminé, il range la boîte contenant les boutons triés.

Astuce : Au fur et à mesure, augmentez le nombre de séries. Vous pourrez également remplacer les boutons par différentes graines (haricots, courges...).

Le TRI

« COULE OU FLOTTE »

Ce jeu scientifique, que les enfants aiment beaucoup tester, permet d'observer ce qui coule et ce qui flotte ainsi que les critères de flottabilité.

Préparer l'activité

il vous faut
- Une bassine
- Divers objets que l'enfant peut collecter autour de lui : un bouchon en liège, une pierre, un morceau de bois, une cuillère…

- Remplissez la moitié d'une bassine d'eau.

- Répartissez les objets sur la table et demandez à l'enfant de choisir l'un des objets.

- Il le met dans l'eau et il observe ce qui se passe : l'objet flotte, coule doucement, rapidement… On peut en déduire que l'objet est lourd ou léger.

- L'enfant essaie avec les autres objets.

- Vous pourrez proposer l'expérience plusieurs fois car l'enfant aura sûrement envie de tester d'autres objets selon ses trouvailles.

Remarque : un paquebot est plutôt lourd, or il flotte. À l'inverse, un tout petit caillou coule alors qu'il est léger. La flottabilité d'un objet est liée à sa forme et non à sa masse, à la surface qui est au contact de l'eau. Exemple : une boule de pâte à modeler va couler, mais si on réalise une sorte de barque avec cette même boule, elle ne coulera pas.

Variante pour l'été

L'été, vous pouvez utiliser une petite piscine gonflable pour expérimenter en extérieur avec des objets trouvés dans le jardin.

Attention : ces exercices se font toujours sous la surveillance d'un adulte.

135

« LE VIVANT ET LE NON VIVANT »

Cet atelier permet de catégoriser des images ou des objets représentatifs dans deux familles différentes : ce qui est vivant et ce qui est non vivant.

Préparer l'activité

Il vous faut

- 2 boîtes à chaussures
- 2 étiquettes
- Des objets que les enfants ont ramassés ou collectés autour d'eux ou des images de fruits et légumes, d'animaux, de maisons, de jouets… découpées dans des magazines publicitaires

- Collez une étiquette sur le coté de la boîte pour bien les différencier : l'une sera consacrée au « vivant », l'autre au « non vivant ».

- Proposez à un petit groupe d'enfants de choisir une image ou un objet qui se trouve devant eux, puis d'en faire la description.

- Amenez-les à se poser des questions permettant de déterminer s'il ou elle est vivant ou non : « Qu'est-ce que c'est ? », « Où peut-on le trouver ? », « Est-ce qu'il bouge, mange, grandit…? ».

- Une fois qu'ils ont répondu à ces questions, les enfants placent leur image ou leur objet dans la boîte correspondante.

- Les deux boîtes pourront rester dans la maison ou dans la classe un long moment, à un endroit défini, pour que les enfants les remplissent à leur guise avec de nouvelles découvertes.

Nouer le dialogue

Avant de réaliser cet atelier, vous pouvez vous promener à l'extérieur avec les enfants et leur demander d'observer ce qu'il y a autour d'eux : des cailloux, des arbres, des fleurs, des oiseaux, des escargots, des voitures... Posez-leur alors la question : « Les cailloux sont-ils vivants ou non vivants ?... » Essayons de comprendre comment nous pouvons dire d'un objet qu'il est vivant ou non, selon quels critères. Tout ce qui est vivant grandit, se nourrit, se reproduit et meurt, notamment les animaux. Le non vivant ne connaît pas ces phénomènes, une pierre par exemple.

« GRATTE – DOUX »

Ce jeu permet de développer ses capacités de toucher en découvrant les propriétés des matériaux et des objets, et de verbaliser ce que l'on ressent en touchant l'objet de différentes manières : avec les doigts, sur les joues, sur les bras...

Préparer le matériel

il vous faut
- 2 boîtes à chaussures
- Des objets de deux sortes : doux (morceau de tissu ou de toile cirée, petite peluche, caillou lisse, tapis, pelote de laine, châtaigne...) et rugueux (morceau d'éponge grattant, paille de fer, papier de verre, toile de jute, écorce d'arbre, paillasson, bogues de marrons...)
- Un panier
- 2 étiquettes

- Posez une étiquette sur chaque boîte pour indiquer ce qui est rugueux et ce qui est doux.

- Placez dans le panier tous les objets rassemblés. Sortez-les un à un.

Variante : vous pouvez réaliser de grandes affiches sur le thème de ce qui est doux et de ce qui est rugueux. Les enfants peuvent effectuer des traces lisses, coller du sable pour que cela donne un aspect « grattant ».

Expliquer l'activité

- Les enfants prennent le temps d'observer les objets et de les toucher.

- Proposez aux enfants de classer les objets selon ce que l'on ressent quand on les touche : plutôt agréables et doux, ou plutôt désagréables et rugueux. Ils les rangent ainsi l'une ou l'autre boîte.

Les **PINCES**

Les enfants, tout naturellement, aiment vous regarder et même vous aider à étendre le linge à l'aide de pinces à linge, mais le plus souvent cela reste très difficile pour eux de les utiliser.

Ces exercices vont permettre d'*apprendre à développer l'agilité des doigts* en vue d'ouvrir et de fermer une pince et d'en découvrir beaucoup d'autres.

Celui qui se concentre est immensément heureux.
Maria Montessori

LA BOÎTE PINCE-NOIX

Cette activité permet de développer les facultés motrices des doigts et des poignées.

Préparer et expliquer l'activité

il vous faut
- Une boîte de faisselle avec des compartiments
- Des noix
- Une pince : grosse, petite, en bois, en plastique…

- Mettez une noix dans chaque compartiment à l'aide d'une pince, en utilisant une fois la main droite et une fois la main gauche.

- Invitez les enfants à en faire autant. Je parle souvent aux enfants de mettre une noix dans « chaque maison ».

- Une fois que l'enfant a terminé son activité, il range sa boîte.

- Lorsque l'enfant maîtrise leur utilisation, variez les pinces régulièrement.

Les PINCES

Variantes

À la place des noix, vous pouvez utiliser des noisettes, des escargots, des bouchons de bouteilles en plastique ou, **pour des enfants un peu plus grands, de jolies fèves** que vous récupérez en mangeant des galettes des rois !

LE PINCE-CHÂTAIGNES

Cet atelier permet de développer l'agilité des doigts.

Expliquer l'activité à l'enfant

- L'enfant saisit les châtaignes avec la pince et en met une dans chaque alvéole de la boîte, « une dans chaque maison ».
- Il range les châtaignes.

il vous faut

- Un plateau de 50 x 30 cm
- Une boîte d'œufs vide
- Des marrons ou châtaignes
- Une pince, type pince à saucisses

Les **PINCES**

Variante

Si vous êtes un peu bricoleur, vous pouvez fixer la plaque d'œufs sur un morceau de contreplaqué ou un plateau en bois avec deux compartiments : un pour la pince et l'autre pour contenir les châtaignes.

> « J'aime construire des jeux pour les enfants avec des chutes de bois que l'on utilise dans la construction de maisons, rien ne se perd. »
> **Fredo,** menuisier

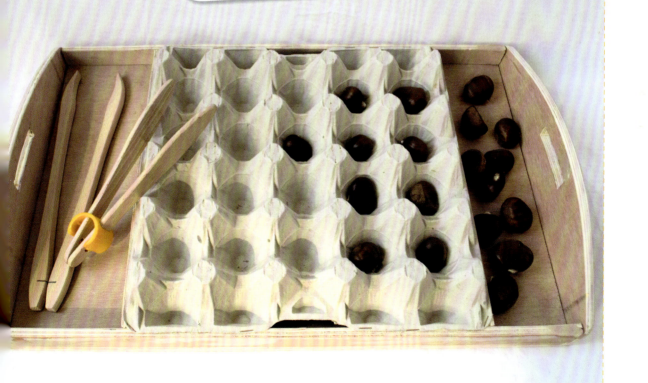

145

LES PINCES À LINGE

Elles aident à muscler les deux mains.

Préparer l'activité

il vous faut
- Une boîte
- Des pinces à linge en bois, en plastique, petites, grandes...
- Des gommettes de couleur

- Collez des gommettes de différentes couleurs sur les pinces en bois.

- Montrez à l'enfant comment tenir la pince avec ses doigts et la manipulation que l'on doit effectuer pour qu'elle s'ouvre.

- Déposez la pince sur le bord de la boîte. Proposez à l'enfant de ranger les pinces à linge en bois selon une suite de couleur, ou de la plus petite à la plus grande.

- Lorsque l'enfant a terminé, il range les pinces à linge dans la boîte.

Astuce : Vous pouvez varier à l'infini les pinces à linge au gré de vos trouvailles.

Les **PINCES**

147

L'ÉTENDOIR À LINGE

Cette activité consiste à utiliser de façon ludique les pinces à linges et à imiter les adultes.

Préparer le matériel

il vous faut

- 2 tasseaux de 2 m de long et de diamètre 1,5 x 1,5 cm
- 14 clous à tête plate
- 2 boulons poêliers
- 6 clous tapissiers
- Colle à bois
- 3 longueurs de fil métallique galvanisé à tige ronde doré souple ou de fil de nylon de 35 cm
- 2 petits bacs
- Des pinces à linges
- Des petits vêtements en tissu

- Débitez les tasseaux de 2 mètres en plusieurs morceaux : 2 de 15,5 cm, 4 de 30 cm, 2 de 17,5 cm, 1 de 28,5 cm, 2 de 20 cm et 1 de 14 cm (facultatif).

- Assemblez 2 tasseaux de 30 cm avec un de 15,5 cm et un de 17,5 cm, pour former une croix et fixez-les avec les boulons poêliers. Recommencez l'opération pour la seconde croix.
  - Fixez les deux autres tasseaux de 30 cm en bas pour maintenir les deux croix, comme sur la photo.

- Percez trois trous sur les deux tasseaux de 20 cm. Faites passer les tiges de fer et fixez-les. Coupez le surplus à l'aide d'une pince. Puis cachez chaque extrémité des tiges par un clou de tapissier. Clouez ces tasseaux sur le dessus des croix.

- Enfin, pour un bon maintien, vous pouvez clouer un tasseau de 28,5 cm pour relier les intersections des deux croix ainsi qu'un tasseau de 14 cm reliant les deux tasseaux inférieurs. Ces deux tasseaux renforceront la structure de votre étendoir.

Expliquer l'activité à l'enfant

- Remplissez un bac de pinces à linge, et l'autre de vêtements.
- Saisissez un petit vêtement de votre choix et une pince à linge.
- Montrez à l'enfant comment suspendre un vêtement sur le fil de l'étendage à l'aide de la pince.
- Proposez-lui d'étendre le reste.

Astuces : Si vous n'êtes pas très bricoleur, voici l'idée d'une assistante maternelle qui a utilisé un égouttoir en bois pour la vaisselle en guise d'étendoir. Elle l'a retourné.

Si vous avez comme moi des dizaines de chaussettes seules, utilisez-les pour les accrocher sur l'étendage : c'est joli, varié en coloris et vos « chaussettes seules » retrouvent une deuxième utilisation !

LE COQUELICOT

Voici un matériel qui sert à manipuler les pinces à linges pour réaliser de belles formes à admirer.

Préparer et expliquer l'activité

il vous faut

- Une feuille cartonnée rouge
- Une feuille cartonnée verte
- Une bande de feutrine
- Des ciseaux
- Des petites pinces à linge

- Découpez la feuille cartonnée rouge en rond pour former le cœur du coquelicot et la feuille cartonnée verte en forme de tige.
- Découpez des pétales dans la feutrine.
- Montrez à l'enfant comment former une fleur en attachant les différents éléments à l'aide des petites pinces à linge.
- Puis proposez-lui de faire seul.

Variantes créatives

Vous pouvez inventer d'autres formes : une maison, une voiture... et rajouter des pinces papillons, coccinelles, fleurs...

Pour fabriquer un soleil par exemple, découpez un rond dans du papier cartonné jaune et montrez à l'enfant comment attacher des pinces à linge jaunes pour faire les rayons.

« L'AIMANT MAGIQUE »

Cet atelier permet de développer la minutie et d'apprendre à utiliser un aimant.

Préparer l'activité

il vous faut
- Un aimant
- Des jetons de loto aimantés
- Une pince à épiler
- Un bac à glaçons

- Placez un ou deux jetons dans chaque case selon la consigne de votre choix avec la pince. Pour saisir les jetons, les enfants peuvent utiliser leurs doigts pour commencer, puis une pince à épiler pour affiner le geste.

- Une fois toutes les cases remplies, utilisez l'aimant pour récupérer et ranger les jetons.

Variante

Si vous n'avez pas d'aimant, vous pouvez utiliser **des perles et des boutons** et proposer à l'enfant de faire une rangée de perles et une rangée de boutons.

> « C'est magique !
> Les jetons remontent tout seul ! »
> **Valentin,** 3 ans

Les PINCES

Les COULEURS

Pour bien appréhender et reconnaître les différentes couleurs, *il faut les avoir manipulées, touchées, triées, observées, goûtées...* Voici quelques jeux qui vont permettre aux enfants de le faire.

> *Le développement est une série de naissances.*
> Maria Montessori

LA TABLE D'EXPOSITION DES COULEURS

Elle permet d'identifier et de reconnaître une couleur.

Préparer l'activité

il vous faut

- Une petite table
- Des objets de toutes sortes : les enfants peuvent les chercher autour d'eux dans la maison, dans leur classe, dehors...

- Montrez aux enfants la couleur choisie sur différents supports : livre, poster... Proposez-leur ensuite de chercher des objets de cette couleur autour d'eux, dans l'environnement intérieur ou extérieur.

- Rassemblez tous les objets sur la table d'exposition. Celle-ci sera présente pendant une période d'environ trois semaines pour permettre aux enfants d'avoir suffisamment de temps pour observer les objets et en rapporter d'autres.

- Choisissez ensuite une autre couleur er renouvelez l'activité.

Les **COULEURS**

Pour aller plus loin

J'utilise souvent les albums *Petit bleu* et *Petit jaune* de Léo Lionni, *Toutes les couleurs* d'Alex Sanders, *Elmer* de David Mckee, *Homme de couleur* de Jérôme Ruillier, *Balthazar et les couleurs de la vie et des rêves aussi* de Marie-Hélène Place, ainsi que des imagiers. **Privilégiez les « vraies » photos d'objets.**

LE COLLAGE PAR COULEUR

Cette activité permet d'identifier les couleurs, le découpage, le collage... d'exposer les œuvres et de faire référence à un artiste.

Préparer l'activité

il vous faut

- Des morceaux de papier de toutes sortes, d'une même couleur, en utilisant les dégradés
- Des objets de la même couleur : bouchons de bouteilles, boutons, plumes, laines, tissus...
- De la colle blanche
- Un pinceau large
- Une feuille de papier blanc épais

- Disposez au milieu de la table différents morceaux de papier que vous ou les enfants avez découpés, des objets de la même couleur.

- Appliquez de la colle sur la feuille blanche à l'aide du pinceau.

- Les enfants collent à leur guise sur leur feuille les papiers et objets de leur choix.

- Vous pouvez exposer les créations des enfants comme des tableaux.

« Aujourd'hui j'ai fait tout bleu sur ma feuille, c'est beau, demain je vais faire tout rouge. »
Flavie, 4 ans

Les COULEURS

159

TRIER DES COULEURS AVEC LES FEUTRES

Cette activité permet de distinguer et de trier les différentes couleurs.

Expliquer l'activité à l'enfant

il vous faut
- 6 pots de différentes couleurs (couleurs primaires et secondaires)
- Des feutres, crayons de couleurs ou craies grasses...

- Demandez à l'enfant de ranger une boîte de plusieurs crayons dans les pots de couleur correspondants.

Astuce : Vous pouvez récupérer des pots de yaourt ou de moutarde. Vous n'avez plus qu'à y coller une gommette ou un scotch de couleur.

Les **COULEURS**

> « J'ai "investi" dans des gobelets de plastique transparents de différentes couleurs (1€ le gobelet) pour ranger les feutres des enfants. Le tri est parfait et d'après Alice (3 ans) : *Ils sont beaux tes pots !* Les enfants s'y retrouvent bien pour le choix des couleurs. »
>
> **Une assistante maternelle**

LA BOÎTE DE NUANCES

Les boîtes de couleurs permettent de manipuler les couleurs et de former des dégradés. Maria Montessori a inventé 3 boîtes. Je vous propose d'en fabriquer une qui me sert pour aborder toutes les notions.

Préparer l'activité

il vous faut

- 30 petits rectangles en bois ou en carton de 7 x 4 cm
- 7 tubes de peinture acrylique : bleu, rouge, jaune, vert, orange, violet, blanc
- Un pinceau
- Un disque blanc en carton ou en bois

- Peignez un premier rectangle d'une couleur pure. Faites une deuxième couche.
- Ajoutez un peu de blanc à la couleur pure et peignez un deuxième rectangle. Répétez cette étape trois fois.
- Reprenez ces deux premières étapes pour les cinq autres couleurs. Vous obtenez ainsi six séries de cinq rectangles de couleur dégradée.
  - Montrez à l'enfant les trois couleurs primaires (bleu, jaune et rouge) en lui disant : « C'est le bleu... C'est le jaune... C'est le rouge... »
- Demandez-lui ensuite de vous montrer le bleu, puis le jaune, puis le rouge.
- Enfin, montrez-lui une couleur et demandez-lui : « Qu'est-ce que c'est...? »
- Renouvelez ces trois étapes avec les autres couleurs.
- Une fois que l'enfant connaît les couleurs, vous pouvez lui montrer comment reformer les dégradés de couleur autour du soleil.

Variante

En utilisant le même principe, **il est possible de fabriquer une boîte des couleurs primaires et secondaires,** en créant des paires de couleurs : 2 bleus, 2 rouges, 2 jaunes, 2 vertes… L'enfant doit reconnaître, apprendre les couleurs et les mettre deux par deux.

Les COULEURS

163

LE TRI DE BOUTONS

Cette activité permet de trier et de différencier les couleurs.

Expliquer l'activité à l'enfant

il vous faut

- Des boutons de formes différentes par séries de couleurs : jaune, bleu, rouge, vert…
- Une boîte avec des compartiments pour faciliter le tri

- L'enfant doit trier les boutons par couleur dans la boîte à compartiments.
- Lorsqu'il a terminé, l'enfant range la boîte à sa place.

Les COULEURS

Variante

Pour les plus petits, vous pouvez aussi utiliser des bols ou des petites barquettes en plastique. Commencez par leur présenter seulement deux ou trois couleurs, et collez sur la barquette une gommette de la couleur recherchée.

165

LES TRÉSORS DE COULEURS

Cette activité permet à nouveau de distinguer les couleurs en triant des petits objets de toutes sortes.

Préparer le matériel

il vous faut
- 1 morceau de contreplaqué de 64 x 18 cm
- 2 planches de bois de 64 x 8 cm
- 5 planches de bois (ou plus) de 18 x 8 cm
- Des clous
- Toutes sortes d'objets que les enfants peuvent rapporter comme des trésors

- Clouez les deux planches de 64 cm sur la longueur du morceau de contreplaqué et les deux planches de 18 cm sur la largeur.

- Fixez les trois autres planches (ou plus) à intervalles réguliers à l'intérieur de la caisse que vous venez de construire : ce sont vos casiers. Vous pouvez les peindre de différentes couleurs si vous le souhaitez.

Variante : Sur le coté de la boîte, il est possible de coller avec de la pâte à fixer ou des morceaux de scratch un rectangle peint de différentes couleurs. **Les enfants pourront le manipuler pour retrouver la bonne couleur.**

Expliquer l'activité à l'enfant

- Posez cette boîte au sol pour que chacun puisse bien voir tous les objets et toutes les couleurs.
- Distinguez avec les enfants les différentes nuances : plus clair, plus foncé...
- C'est un outil qui peut rester longtemps en place dans la maison ou dans la classe et être complété au fil du temps.
- À la fin, il ressemblera à une « œuvre d'art ».

Les COULEURS

MANGER DE LA COULEUR !

Il est parfois difficile de faire manger aux enfants des légumes, sauf si la recette devient magique...! Chercher les ingrédients secrets contenus dans le plat devient vite plus palpitant.

Recette du gratin secret

il vous faut

- Un potimarron
- Une orange (jus)
- 2 carottes
- 25 cl de crème fraîche entière
- 3 œufs
- Sel, poivre

Pour 6 personnes

- Dans une grande casserole d'eau ou dans un autocuiseur, faites blanchir les carottes et le potimarron avec sa peau. Couvrez et cuisez jusqu'à ce que les légumes soient tendres et s'écrasent facilement.
- Préchauffez le four à 210 °C (th. 7).
- Mélangez dans un bol les œufs, la crème, du sel, du poivre et le jus d'une orange.
- Après l'avoir égoutté, coupez le potimarron en deux, enlevez les graines et passez les carottes sous l'eau froide pour enlever facilement la peau si vous ne l'avez pas fait auparavant. Mixez les légumes avec le mélange œufs et crème.
- Mettez la préparation dans un plat à gratin et enfournez pour une cuisson d'environ 30 minutes.
- C'est cuit ! Les convives n'ont plus qu'à deviner les 3 ingrédients secrets orange.

N'hésitez pas à associer les enfants à la préparation des repas, voire à laisser aux plus grands la liberté de préparer un gâteau, notamment au yaourt, facile à réaliser.

Les **COULEURS**

Le petit plus

Gardez les graines de potimarron, nettoyez-les, séchez-les et conservez-les dans un bocal pour les replanter au printemps. Pourquoi ne pas proposer de temps en temps un menu par couleur, ou par thème, sur un légume ou un fruit en particulier présent dans tous les plats ?

LE JEU DE MORPION

Ce jeu permet d'aborder de façon ludique les lignes horizontales, verticales et diagonales.

Préparer le matériel

il vous faut

- 2 séries de 5 bouchons de deux couleurs différentes
- Un morceau de contre-plaqué de 22 x 22 cm
- 2 tasseaux de 22 cm de long et 5 mm de large
- 6 tasseaux de 7 cm de long et 5 mm de large
- De la colle forte
- Une boîte

- Collez les tasseaux sur le morceau de contreplaqué pour former une grille de 9 cases.

- Pour les pions, prenez, par exemple, des bouchons de lait bleus et des bouchons de crème rouges.

- Si vous souhaitez rendre le jeu plus attrayant, **n'hésitez pas à le peindre**.

Expliquer l'activité à l'enfant

- Le jeu du morpion est un jeu de réflexion qui se pratique à deux. Chaque joueur choisit une couleur de bouchon.
- Le but est de créer un alignement de 3 bouchons : horizontal, vertical ou en diagonale.
- Chacun joue à tour de rôle.

Le premier qui a aligné 3 bouchons a gagné.
- À la fin du jeu, chacun range ses bouchons dans la boîte.

Les ACTIVITÉS au JARDIN

Les activités au jardin sont essentielles au développement de l'enfant pour *apprendre à découvrir le monde,* la nature, les plantes, les arbres, les animaux et ainsi respecter son environnement.

MON JARDIN POTAGER

Même si vous n'avez pas de carré de jardin, vous pouvez installer un bac rempli de terre : les enfants pourront planter et observer leurs fleurs ou leurs légumes.

Préparer l'activité

il vous faut
- Des bottes
- Des vêtements pratiques
- Des gants
- Un arrosoir
- Un râteau
- une pelle

- En hiver, gardez des graines de légumes comme les courges. Vous pouvez également aménager un coin « petit jardin d'hiver » avec des plantes et un petit nécessaire pour les entretenir.

- Au printemps, commencez par aider les enfants à préparer des semis dans une petite serre (voir activités suivantes). Une fois que les graines auront germé, les enfants pourront les repiquer dans le potager. Pour cela, montrez aux enfants comment retourner la terre et apprenez-leur à veiller sur leurs plantations, les arroser, les tailler, les observer... et attendre avec patience et émerveillement le fruit de leur travail.

- Il faudra qu'ils nettoient et qu'ils rangent leurs outils à un endroit bien précis.

- Une fois les légumes à maturité, les enfants les cueillent et peuvent les préparer pour les déguster. Ils sont fiers de leurs récoltes. Il est rare qu'ils n'aient pas envie de les goûter.

Les ACTIVITÉS au JARDIN

Astuce

Si vous n'êtes pas très à l'aise pour réaliser un potager, **n'hésitez pas à solliciter votre entourage** ou à déposer une annonce pour trouver « un papi retraité », par exemple, pour vous soutenir dans votre projet de jardin. Comme tel est mon cas dans mon atelier, Jean-Yves le jardinier vient partager sa passion avec les enfants.

LA GERMINATION DE LENTILLES

Cette activité permet d'observer la germination des graines.

Préparer l'activité

il vous faut
- Des graines de lentilles
- Un boîtier de CD transparent
- 2 disques de coton

- Déposez des graines de lentilles sur du coton humide.

- Placez les cotons dans un boîtier de CD.

- Déposez le boîtier dans une pièce chauffée et lumineuse.

- Les lentilles vont petit à petit se fendre et laisser apparaître de jour en jour de petits germes blancs puis des tiges vertes de plus en plus longues.

- Grâce à la transparence du boîtier du CD, les enfants pourront observer facilement et rapidement les différentes étapes de la germination.

Astuce d'Aurélie, enseignante en maternelle

Demandez aux enfants de prendre des photos à chaque étape, du début à la fin de la germination des graines, pour **constituer un petit jeu de cartes** qui permettra de remettre en ordre la chronologie de la germination des lentilles. Chaque jour, les enfants peuvent aussi mesurer la hauteur de la tige et consigner ce résultat sur un petit cahier pour effectuer des comparaisons.

Les ACTIVITÉS au JARDIN

PLANTER DES PLANTS

Cette activité permet d'observer, mesurer, comparer... les plantes qui poussent.

Expliquer l'activité à l'enfant

il vous faut
- Des plants de tomates, courgettes, de framboisiers...
- Une petite pelle
- Un petit arrosoir
- Des gants
- Un tablier

- Montrez à l'enfant comment creuser un trou suffisamment grand pour accueillir le plant.
- Enlevez le pot et installez le plant dans le trou.
- Rebouchez et arrosez.
- S'il le souhaite c'est à lui de faire le jardinier.

Les ACTIVITÉS au JARDIN

Pour aller plus loin

Pourquoi ne pas essayer de planter des légumes anciens ou originaux, moins connus des enfants, tels que les courges spaghettis, les radis noirs, les butternuts… Lorsque vous êtes au jardin, profitez-en pour donner le nom de chaque légume, de chaque fleur, de chaque arbre fruitier. Demandez-vous comment les entretenir, évoquez ce dont ils ont besoin : de la lumière, de l'eau… Les enfants peuvent compléter leurs recherches dans des livres empruntés par exemple dans une médiathèque. Je trouve de nombreux livres très intéressants dans les ventes de jouets d'occasion organisés notamment dans les écoles, à des prix ne dépassant pas 2 €. Cela me permet d'avoir une bibliothèque variée et de proposer aux enfants d'emprunter des livres à partager en famille.

179

FABRIQUER UN ÉPOUVANTAIL

Quoi de mieux qu'un « bel épouvantail » pour protéger nos cultures ?

Expliquer l'activité à l'enfant

il vous faut

- Des morceaux de bambou ou des manches à balai pour la structure du corps
- Des gants en plastique pour les mains
- Une vielle chemise, un pantalon et un chapeau ou une casquette pour l'habiller
- De la paille pour bourrer le corps de l'épouvantail
- Un morceau de tissu pour la tête
- 2 bouchons de lait pour les yeux
- Un pot de yaourt pour le nez
- Un morceau de laine pour son sourire !

- Proposez à un petit groupe d'enfants la fabrication d'un épouvantail.

  À eux de s'organiser, avec votre aide, pour réfléchir comment le construire, réunir de quoi le constituer et le fabriquer.

« J'aime bien Bob, il surveille les légumes. »
Rose, 3 ans

Les ACTIVITÉS au JARDIN

L'HÔTEL À INSECTES

L'hôtel à insectes permet de loger des insectes afin que les enfants puissent les observer. Les « bons insectes », tels que les coccinelles ou les guêpes solitaires, sont utiles dans le potager pour polliniser ou manger les pucerons.

il vous faut

- 2 planches de bois de récupération de lambourde de 2 m x 40 cm, 10 cm d'épaisseur
- Un morceau de contreplaqué rectangulaire de 48 x 45 cm
- Un morceau de contreplaqué triangulaire de 46 x 46 x 46 cm
- Une planchette de contreplaqué de 14 x 28 cm
- 4 pattes d'assemblage contenant 4 trous
- 16 vis
- Des clous à tête plate
- De la colle à bois
- Une perceuse mèche 8
- Un tournevis
- Des écorces d'arbres
- Des pommes de pin
- Des morceaux de troncs d'arbre
- Quelques bambous
- Des morceaux de pots de fleurs en terre cassés
- Des feuilles mortes

Les ACTIVITÉS au JARDIN

Construire l'hôtel à insectes

Astuce :
Les planches de bois de lambourde sont utilisées dans la construction de charpente. Vous pourrez vous en procurer dans les menuiseries ou les déchèteries.

- Coupez les planches de bois en plusieurs morceaux :
    - 2 de 55 cm (les deux pentes du toit),
    - 1 de 25 cm (l'étage sous le toit),
    - 2 de 40 cm (les parois verticales de l'hôtel),
    - 2 de 45 cm (le sol du rez-de-chaussée et le plafond sur premier étage),
    - 1 de 36,5 cm (la base du premier étage),
    - 1 de 20,5 cm (la séparation du premier étage en deux compartiments).

- Collez et clouez les planches pour construire la structure de la maison. Consolidez le tout avec des pattes d'assemblage et des vis.

- Ajoutez les planches et la planchette permettant de réaliser les différents compartiments, comme sur la photo.

- Fixez les morceaux de contreplaqué sur l'arrière de la structure.

- Je vous conseille d'assembler le toit à l'horizontal et de relever l'hôtel lorsque tous les éléments auront été assemblés.

- Pour la finition, vous pouvez coller le tasseau semi-cylindrique sur le toit de l'hôtel.

- Effectuez de petits trous dans les morceaux de tronc d'arbre avec la perceuse.

- Un ou plusieurs enfants remplissent les petites niches avec les différents matériaux récupérés : écorces, pommes de pin, bambous, pots de fleur…

Astuces

J'ai installé une fiche avec la photo des insectes qui doivent venir se loger dans l'hôtel pour que les enfants puissent les reconnaître et les nommer. N'hésitez pas à plastifier cette fiche pour qu'elle résiste aux intempéries.

Insectes du jardin

Les coccinelles. Elles aiment s'installer dans les tiges creuses, les tas de feuilles mortes, les trous percés dans les bois. Les coccinelles mangent les pucerons.

Les osmies. Ces petites abeilles sauvages affectionnent les petits trous. Les osmies sont importantes pour la pollinisation.

Les syrphes. Leur présence au potager est aussi importante que celle des coccinelles. Les larves consomment des pucerons et les adultes contribuent à la pollinisation. Les tiges à moelle, comme le sureau, feront de très bons logis.

Les carabes. Cette petite bête que l'on confond avec le scarabée peut vous aider à vous débarrasser des limaces. Les carabes aiment s'installer dans les vielles souches ou les tas de bois.

Les pince-oreilles. Ils aiment bien s'installer dans les petits abris couverts remplis de paille, notamment les petits pots de fleur retournés.

LES POTS DE SENTEUR

Cette activité permet de développer les sens et de découvrir des senteurs particulières, peut-être inconnues, de différencier plusieurs feuillages et coloris de plantes...

Expliquer l'activité à l'enfant

il vous faut
- Un bac en bois ou un pot en terre
- Un peu de terre végétale
- Des plants de thym, romarin, basilic, menthe, persil, verveine...
- Des graines que vous aurez fait germer

- Invitez l'enfant à vous aider à planter les différentes plantes que vous ou lui avez choisies.

- Avec lui, touchez les feuilles, sentez, regardez les différentes nuances de verts.

Astuce : Vous pouvez prendre des photos et réaliser un jeu permettant de retrouver la plante qui correspond à la photo.

Les ACTIVITÉS au JARDIN

LA FRESQUE MURALE DE LA FORÊT

En automne, les arbres se parent d'un magnifique feuillage aux couleurs jaune, orangé, marron, rouge... C'est l'occasion d'emmener les enfants en balade pour observer, toucher, sentir les arbres.

Préparer l'activité

il vous faut

- Un rouleau de papier
- De la peinture marron, rouge, jaune, vert
- Des pinceaux
- De la colle blanche forte
- Des feuilles d'arbre

- Lors d'une balade en forêt, touchez l'arbre et son écorce, observez les racines qui forment des bosses sous la terre, les branches rattachées au tronc, les fines comme les plus grosses. Observez et ramassez les feuilles de multiples couleurs.

- Pour conserver les feuilles ramassées, les enfants peuvent les faire sécher entre les pages d'un catalogue ou d'un livre.

- Fabriquez la fresque murale d'un arbre avec un petit groupe d'enfants sur le grand rouleau de papier. Revoyez où se trouvent les racines, le tronc, les branches et les feuilles. Les jeunes artistes pourront coller les feuilles conservées dans le livre.

Astuce

Vous trouverez sur le site « Le jardin de Maria Montessori », dans l'onglet « Biologie », les différentes parties d'un arbre et d'autres jeux sur la botanique.

LA CHASSE AU TRÉSOR FAÇON MONTESSORI

Vous pouvez vous inspirer de jeux de Maria Montessori pour réaliser une chasse au trésor, notamment pour un anniversaire. Dans la mesure du possible, réalisez ces jeux dans différents lieux : à l'extérieur dans le jardin, et à l'intérieur dans plusieurs pièces de la maison.

Marche à suivre

- Reproduisez les jeux sur des petites fiches en carton et écrivez au dos une lettre.

- L'ensemble doit former un mot permettant de localiser le lieu du trésor.

1 Parcours en trottinette ou en vélo

Tracez au sol, avec une craie, un chemin à suivre avec un vélo ou une trottinette.

2 Nommer 5 légumes et 5 fruits

Si les enfants sont nombreux, proposez-leur de constituer deux ou trois équipes et de trouver des fruits et des légumes originaux pour les plus grands.

3 Les emboîtements cylindriques

Disposez sur un tapis 4 emboîtements cylindriques. Les enfants doivent les enlever et les refaire. Vous pouvez utiliser un autre matériel de votre choix si vous ne possédez pas les emboîtements.

> À la fin des épreuves, proposez aux enfants de résoudre une charade pour retrouver le lieu du trésor.

❹ Une chanson
Demandez à un enfant de chanter la chanson de son choix, en sautant sur une jambe.

❺ La récolte
Les enfants doivent trouver dans le jardin, et les conserver dans un petit panier : 4 morceaux de bois, bâtons, branches..., 2 cailloux, 3 feuilles différentes, 3 brins d'herbe, des fleurs, des marrons, glands...

❻ Une création de groupe
Donnez aux enfants un panier de matériel : ficelle, laine, ruban adhésif de couleur, objets de récupérations (pots de yaourts, bouchons...). Demandez aux enfants de construire un objet original, une œuvre commune, avec ce qu'ils ont trouvé dans le jardin et ce matériel.

❼ Le goûter
Découpez des morceaux de fruits et fabriquez des brochettes que les enfants pourront déguster. N'hésitez pas à proposer aux enfants des fruits secs ou frais originaux.

❽ L'atelier des sens
Les enfants doivent retrouver les mêmes sons, les mêmes tissus et les mêmes odeurs. Vous pouvez utiliser les jeux des sens décris auparavant. Vous pouvez aussi réaliser un parcours sensoriel à l'extérieur.

❾ Les coquillages
Cachez des coquillages dans un bac à sable que vous aurez fabriqué et demandez aux enfants de les retrouver.

❿ Jeux des déménageurs
Configurez l'espace à l'aide d'une corde ou d'un cerceau : le départ et l'arrivée. Constituez deux équipes d'enfants. Préparez des objets un peu lourds à déménager d'un point à un autre le plus rapidement possible.

⓫ Le trésor !
À vous de trouver un lieu pour cacher le trésor !
Il n'y a pas de perdant ou de gagnant, seulement un groupe d'enfants, petits et grands, qui ont pris du plaisir à être ensemble, à s'amuser, à partager leurs connaissances. Aussi, à la fin, je prévois un petit sachet de surprises pour chaque enfant.

Les ACTIVITÉS au JARDIN

Remerciements

Les remerciements sont essentiels pour moi. Un livre, c'est une partie de soi que l'on partage, que l'on transmet aux autres. Mais un livre ne se fait pas seul, il réunit un ensemble de personnes, une équipe, où chacun travaille dans son domaine, comme pour la construction d'un puzzle où chaque pièce a sa place, pour réaliser, à la fin, une « œuvre » commune.

Merci à mes enfants, à toi Nicolas pour ta confiance.
Merci à toi Papa qui a réalisé bon nombre de matériel...
Merci à ma famille et mes amis pour leur soutien indéfectible.
Merci à tous les enfants exceptionnels que j'ai eu la chance de rencontrer.
Merci à vous parents, enseignants, éducateurs, assistantes maternelles, qui m'avez transmis de nombreuses idées, témoignages et astuces.
Merci à mes formateurs et à l'école Planète Montessori pour avoir partagé avec moi leur passion...
Merci à ceux qui, par leur travail, ont participé à la conception de ce livre, en particulier ma maison d'édition Eyrolles, Agnès Fontaine mon éditrice, Pauline d'Aleman, Delphine Badreddine et Julie Charvet mes graphistes, Séverine Cordier qui a réalisé les illustrations, Philippe Audouin mon correcteur.
Merci aux enfants et parents pour leur participation aux photos.
Merci à vous, lecteurs, de vous intéresser à cette pédagogie et de continuer à faire vivre la philosophie de Maria Montessori.
Longue et belle vie à vous, et surtout bonne lecture et bonne fabrication...!

Bibliographie

LES OUVRAGES DE MARIA MONTESSORI
- *L'Enfant,* Desclée De Brouwer, Paris, nouv. éd. 2007, 207 p.
- *L'Enfant dans la famille,* Desclée De Brouwer, Paris, 2006, 151 p.
- *L'Esprit absorbant de l'enfant,* Desclée De Brouwer, Paris, nouv. éd. 2004, 240 p.

AUTRES OUVRAGES
- *Activités de saison d'après la pédagogie Montessori,* Brigitte Ekert, Eyrolles, Paris, 2011, 176 p.
- *Jeux d'après la pédagogie Montessori pour favoriser l'éveil de votre enfant de 0 à 3 ans,* Maja Pitamic, Eyrolles, Paris, 2008, 160 p.
- *Activités artistiques d'après la pédagogie Montessori pour accompagner le développement de votre enfant à partir de 3 ans,* Maja Pitamic, Eyrolles, Paris, 2013, 170 p.
- *Éveiller, épanouir, encourager son enfant,* Tim Selvin, Nathan, Paris, 2007, nouv. éd. 2013, 192 p.
- *Des ateliers Montessori à l'école - Une expérience en maternelle,* Béatrice Missant, ESF Éditeur, Issy-les-Moulineaux, 2001, 6e édition 2014, 124 p.

J'ai aussi consulté de nombreux sites d'écoles Montessori et de parents et d'enseignants qui utilisent la pédagogie Montessori au quotidien.

N° d'éditeur : 4918
Dépôt légal : septembre 2014
Imprimé en Chine par Papersong